Condition féminine

et

Vieillissement

MICHÈLE CHARPENTIER

Condition féminine

et

Vieillissement

les éditions du remue-ménage

Couverture : Ginette Loranger
Photocomposition : Sébastien Bouchard

Distribution en librairie :   Diffusion Dimedia
                              539, boul. Lebeau
                              Saint-Laurent (Québec)
                              Canada H4N 1S2
                              Tél. : (514) 336-3941

Les Éditions du remue-ménage
4428, boul. Saint-Laurent, bureau 404
Montréal (Québec)
H2W 1Z5
Tél. : (514) 982-0730

ISBN 2-89091-138-1

Les Éditions du remue-ménage sont subventionnées par le Conseil des Arts du Canada,
le ministère du Patrimoine canadien et le ministère de la Culture et des Communications
du Québec.

Table des matières

Préface 9
    Pierre Brunet

Avant-propos 13

Chapitre 1
La réalité sociodémographique

Vieillir : une affaire de femmes 18
    La féminisation de la population âgée 19
    La longévité des femmes 21

Discrimination sexuelle et âgisme 26
    Le mythe de la jeunesse et de la beauté 27
    Les préjugés et principaux stéréotypes 29
    L'omission des femmes âgées 33

Chapitre 2
La vieillesse au féminin : ses aspects physiologiques

Femmes, santé et vieillissement 42
    Profil de santé 43
    Quelques problèmes typiquement féminins 50

Ménopause, hormonothérapie et sexualité 57
    La ménopause : « le retour d'âge » 58
    L'hormonothérapie de substitution 62
    La sexualité... libérée ? 66

Soins et système de santé 69
    Le mythe de la surconsommation de services 70
    Le cas des tranquillisants 73

Chapitre 3

La vieillesse au féminin : ses aspects psychosociaux

État matrimonial et mode de vie 82
 Le veuvage 83
 Le divorce 86
 Le remariage et la mise en ménage 88
 Cohabitation ou habitation en solo 90

Féminisation de la pauvreté 93
 Les régimes de pension 94
 Au fédéral : la pension de la sécurité de la vieillesse 96
 Au provincial : le régime des rentes du Québec 98
 Les régimes de retraite privés et l'épargne personnelle 102

Nouvelles responsabilités familiales 102
 La famille transformée au cœur de la vie des aînées 103
 Le « nid vide » et la retraite du conjoint 106
 Le rôle de grand-mère : les supermamies 111
 Les soins aux parents très âgés 118

Chapitre 4

Les femmes et la retraite

Le rapport des femmes au travail 126
 Les conditions de travail 126
 Prendre sa retraite 131

Des retraitées actives et dynamiques 135
 L'adaptation à la retraite 135
 L'apport inestimable des femmes âgées 138

CONCLUSION 143
Notes 147
Bibliographie 159

Liste des tableaux

1. Population québécoise âgée de plus de 55 ans, selon le sexe, en 1991

2. Rapport de masculinité par groupe d'âge au Canada, en 1941, 1981 et 2021

3. Pourcentage d'augmentation de la population âgée, selon le sexe, de 1941 à 1981, au Canada

4. Pourcentage d'augmentation de la population âgée, selon le sexe, de 1981 à 2021, au Canada

5. Espérance de vie à la naissance et à 65 ans, selon le sexe, au Canada, en 1941, 1961, 1981 et 1986

6. Principales causes de mortalité, selon le sexe, au Canada, en 1987

7. Perception de la santé selon l'âge et le sexe, au Québec, en 1987

8. Indice de détresse psychologique des femmes, selon l'âge, au Québec, en 1987

9. Nombre de consultations médicales, selon le sexe, chez les 65 et plus, au Québec, en 1987

10. Nombre de médicaments consommés, selon le sexe, chez les 65 et plus, au Québec, en 1987

11. Principaux types de médicaments consommés selon le sexe, chez les 65 et plus, au Québec, en 1987

12. Opinions concernant les psychotropes, chez les femmes âgées de 65 ans et plus, consommatrices et non consommatrices

13. État matrimonial selon l'âge et le sexe, chez les 55 ans et plus, au Canada, en 1990

14. Pourcentage des personnes vivant seules, selon l'âge et le sexe, au Canada, en 1990

15. Catégorie de revenu des personnes de 55 ans et plus, selon le groupe d'âge et le sexe, au Québec, en 1990

16. Pourcentage de personnes de 65 ans et plus bénéficiant de la rente de retraite selon le sexe, de 1970 à 1992

17. Âge moyen des femmes de quatre générations au cours des cycles de leur vie familiale, au Canada

18. Gains annuels moyens des travailleurs selon le sexe et le groupe d'âge, au Québec, en 1990

19. Taux d'activité des personnes de 55 ans et plus, selon le groupe d'âge et le sexe, au Québec, en 1990

PRÉFACE

En envisageant il y a quelques mois la possibilité de publier un ouvrage traitant de la condition féminine et du vieillissement, il nous a semblé qu'un tel outil s'imposait dans la conjoncture actuelle des écrits et des travaux en gérontologie.

Ce projet constituait à notre avis une façon intéressante pour madame Charpentier de consolider tout le travail de recherche et de conception qu'elle a accompli depuis la création à l'automne 1990 au certificat de gérontologie d'un cours portant sur la condition féminine et le vieillissement.

Un tel ouvrage nous semblait également opportun dans le sens où il permettrait à madame Charpentier de proposer une rencontre inédite avec des femmes témoignant de leur vitalité, de leur révolte, de leur joie de vivre et de leurs espoirs avec comme toile de fond le vieillissement. Cette situation des femmes vieillissantes est en effet une réalité négligée à bien des égards et trop souvent décrite, non sans raison, d'un point de vue négatif. Oui, un quotidien avec bien des problèmes réels menant à des conditions d'existence souvent précaires, parfois dramatiques. Mais aussi un quotidien avec des femmes capables de faire valoir des expériences issues d'une réalité qui n'est pas simple.

Michèle Charpentier nous invite à découvrir cet univers inconnu de la condition féminine et du vieillissement où s'entremêlent des forces complexes et contradictoires, mais un univers étonnamment fécond par la diversité et l'individualité des histoires de vie de ces femmes.

« Manière de vieillir », « manière d'être », « style de vie », autant d'expressions qui sont le reflet de modèles et de valeurs pluralistes qui relativisent une conception défaitiste de l'avance en âge.

Qualité de vie, engagement social, prise en charge individuelle et collective constituent, à leur tour, l'expression de conduites qui sont réinventées, d'alliances nouvelles qui sont élaborées, d'une culture particulière qui est en émergence. Autant de signes qui marquent tout le potentiel de créativité et d'engagement des femmes âgées et leur capacité à susciter de nouvelles possibilités d'action.

Aux écrits existants, qui dessinent chacun à leur manière une image de la gérontologie, s'ajoute le présent ouvrage, qui constitue une importante source de connaissances actuelles, d'idées et de stratégies pour tous ceux et celles qui s'intéressent à certains enjeux spécifiques que représente la réconciliation de toute une société avec son vieillissement et le nouvel équilibre des sexes que cela entraînera.

En terminant, permettez-moi de citer un poème de Maurice Carême :

« Un jour, tu le pris dans tes mains
Mon cœur disait qui n'était rien
Qu'un peu d'argile frémissant
Tu en fis un beau vase humain
Et tout ce qu'on y verse chante »

Je m'associe étroitement à ces mots pour célébrer cette femme, ma mère, que j'ai vue vieillir avec une trop grande insouciance.

Pierre Brunet

REMERCIEMENTS

Cet ouvrage a été rendu possible grâce à la complicité de nombreuses personnes que je désire remercier :

D'abord Pierre Brunet, responsable du certificat de gérontologie de l'Université de Montréal, qui, par son appui et sa précieuse collaboration, a fait vivre ce projet.

Les étudiants et étudiantes en gérontologie qui, par leur intérêt, leurs réflexions et les témoignages recueillis, ont alimenté le contenu.

Le comité de perfectionnement de la convention collective des chargés-es de cours de l'Université de Montréal et la Faculté de l'éducation permanente qui m'ont donné un support financier.

Et finalement, toutes les femmes de 60 ans et plus que j'ai connues, aimées et respectées, et qui, dans ma famille, au travail, dans les projets d'intervention en gérontologie, m'ont donné le goût d'écrire et de parler d'elles, en toute simplicité et sincérité.

AVANT-PROPOS

On compte au Québec près de 811 200 femmes âgées de 60 ans et plus[1]. Des femmes vieillissantes que nous côtoyons au fil des jours sans vraiment les voir, les regarder et encore moins les écouter. Ces femmes forment la majorité des citoyens âgés de notre société...

une majorité silencieuse

Elles savent bien qu'elles ne bénéficient ni de la reconnaissance sociale ni du prestige des hommes grisonnants, perçus comme plus séduisants et intéressants. Les préjugés leur sont particulièrement défavorables et en font des belles-mères déplaisantes, harcelantes ou bien des grands-mères passives et isolées qui attendent sans mot dire une visite... Pourtant, que ce soit la mère d'une amie, la vieille dame d'à côté, une tante un peu excentrique, une collègue de travail de 65 ans ou notre belle-mère, elles ne correspondent pas à ces images stéréotypées et dénigrantes.

Humaines et généreuses, elles sont ouvertes et dotées d'une intelligence sensible. Leur dévouement pour ceux et celles qu'elles aiment s'accompagne et se confronte aussi à un besoin de liberté qui se fait de plus en plus explicite. Je dirais de nos aînées qu'elles sont généralement simples et modestes, du fait de leur éducation, et peu portées d'emblée à parler d'elles...

une majorité silencieuse

Malgré l'engouement certain qu'ont connu les années 1980 pour les personnes âgées, la recherche, l'intervention et la formation en gérontologie sont restées peu loquaces en ce qui concerne l'expérience féminine du vieillissement, surtout dans les écrits en français[2]. Même les groupes de femmes ont peu donné écho à la voix des plus âgées : conflit de générations[3] ?

Devant ce manque d'intérêt, qui fait parfois figure de violence par omission, j'ai voulu parler de la réalité et de la spécificité du vieillissement au féminin. C'est dans une perspective globale et intégrée que les divers aspects psychosociaux, démographiques, physiologiques, seront abordés. Les données et statistiques sur la question seront exposées, suivies d'une analyse et discussion, le tout ponctué de témoignages recueillis auprès de femmes âgées. Sans prétention scientifique, au niveau de la représentativité de l'échantillonnage, les points de vue exprimés ont une richesse de contenu et viennent en quelque sorte atténuer le manque d'écoute et le peu de place qu'on accorde à ces femmes.

Il devient donc opportun de réfléchir sur les nouvelles tendances en ce qui a trait à la retraite des femmes, à leurs rapports avec les familles d'aujourd'hui, à l'hormonothérapie dite de substitution, à leurs conditions de vie, une vie qui est de plus en plus longue. Cet ouvrage s'adresse d'abord aux intervenantes et intervenants en gérontologie, puis à toute personne concernée par la condition féminine et le vieillissement. J'ose espérer qu'il rejoindra aussi leurs sœurs, leurs mères, leurs grands-mères, de même que Jeanne, Lucille et les autres...

la majorité silencieuse.

Chapitre 1

LA RÉALITÉ SOCIODÉMOGRAPHIQUE

La vieillesse est-elle un monde de femmes? Comment expliquer cette féminisation de la population âgée, quelles sont les tendances à venir? Outre les constats statistiques et leurs explications, ce chapitre veut démontrer la pertinence de considérer la variable « femme » dans la recherche et l'intervention en gérontologie. Il met aussi en question les attitudes sexistes qui ont contribué à minimiser l'impact du vieillissement sur les femmes, par rapport à la retraite ou au veuvage, par exemple.

La vieillesse ne se conjugue pas de la même façon au féminin et au masculin, les rides et les «poignées d'amour» n'ont pas la même signification. Comme le disait Simone de Beauvoir, la femme est hantée par « l'horreur du vieillissement » et « les passages d'un stade à un autre sont d'une dangereuse brutalité; ils se trahissent par des crises beaucoup plus décisives que chez le mâle: puberté, initiation sexuelle, ménopause[1] ».

VIEILLIR : UNE AFFAIRE DE FEMMES

Le vieillissement de la population est un phénomène bien connu maintenant. En effet, le pourcentage de personnes âgées dans la population québécoise a augmenté de façon substantielle, passant de 6,7 % en 1941 à 9,7 % en 1981, et à 15 % en 2011, selon les projections du Bureau de la statistique du Québec – scénario moyen[2].

Ce changement dans la structure des groupes d'âge, principalement dû à la baisse du taux de natalité, s'accompagne d'un vieillissement de la population âgée elle-même. Ainsi le pourcentage de gens âgés de 75 ans et plus, qui était assez stable jusqu'en 1961 (33,1 %), est passé à 35 % en 1981 et à 40 % en 1991. Toujours selon un scénario moyen, cette proportion atteindrait 44 % en 2001, soit près de la moitié de la population âgée[3]. Or, au fur et mesure que la population vieillit, une proportion croissante de celle-ci se compose de femmes. Ce changement concurrent dans la répartition des sexes est très marqué.

Alors que le rapport de masculinité – soit le nombre d'hommes pour 100 femmes – était de 101 au début du siècle (en 1901), indiquant un nombre égal d'hommes et de femmes âgés de 65 ans et plus, il est actuellement de 67 chez les 65 ans et plus et de 53 chez les 75 ans et plus[4].

Tableau 1

POPULATION QUÉBÉCOISE ÂGÉE DE PLUS DE 55 ANS, SELON LE SEXE, EN 1991

Âge	Femmes	Hommes
55-64	332 155	305 840
65-74	266 260	206 795
75-84	148 160	87 515
85 et plus	44 460	17 730
Total	791 035	617 880

Source : Statistique Canada, *Le Pays,* catalogue 93-310.

La féminisation de la population âgée

Les auteures d'un des principaux ouvrages sur la condition féminine et le vieillissement, *Women and Aging*[5], ont établi, à partir des données de Statistique Canada, le rapport de masculinité par groupe d'âge pour 1941, 1981, et par projection pour 2021. Nous en reproduisons au tableau 2 les données les plus significatives.

Tableau 2

RAPPORT DE MASCULINITÉ PAR GROUPE D'ÂGE AU CANADA, EN 1941, 1981 ET 2021

| Groupe d'âge | Rapport de masculinité (nombre d'hommes/100 femmes) | | |
	1941	1981	2021
0-9	103	105	105
[...]			
30-39	107	101	104
40-49	108	102	102
50-59	116	96	99
60-69	114	88	91
70-79	102	76	83
80-89	89	56	61
90 et plus	69	45	33

Source : Ellen M. Gee et Meredith M. Kimball, *Women and Aging*,
Toronto, Butterworths, 1987, p. 18.

Ce tableau illustre à quel point la population âgée s'est féminisée en très peu de temps au Canada. Entre 1941 et 1981, le pourcentage d'augmentation de la population féminine âgée est presque deux fois plus important que celui des hommes, comme on peut le voir au tableau 3.

Il est intéressant de constater que, selon les projections de 1981 à 2021, le nombre de femmes âgées continuera d'augmenter dans une proportion allant de 121 à 288 % selon le groupe

Tableau 3		

POURCENTAGE D'AUGMENTATION DE LA POPULATION ÂGÉE, SELON LE SEXE,
DE 1941 À 1981, AU CANADA

Groupe d'âge	Pourcentage (%) d'augmentation de 1941 à 1981	
	Femmes	Hommes
65-69	213	140
70-74	232	153
75-79	268	169
80-84	333	178
85-89	479	279
90 et plus	800	494

Source : Ellen M. Gee et Meredith M. Kimball, *Women and Aging*,
Toronto, Butterworths, 1987, p. 19.

d'âge (voir le tableau 4). Mentionnons que l'augmentation de la population masculine âgée sera supérieure chez les 65 à 84 ans, mais que cette différence ne sera pas suffisante pour inverser le rapport de masculinité : cette augmentation du nombre d'hommes âgés viendra en quelque sorte atténuer les écarts considérables creusés depuis 1941. Soulignons toutefois que l'écart entre le nombre de femmes et d'hommes de 85 ans et plus s'agrandira davantage.

Ainsi, au Québec et au Canada, les 75 ans et plus constitueront en l'an 2001 près de la moitié (45 %) de la population âgée. Parallèlement à ce vieillissement, la population se féminisera et ce, davantage chez les plus âgés. Le rapport de masculinité chez les 75 ans et plus au Québec sera d'environ 51[6]. (Au Canada, pour les 80 ans et plus, il est établi à 47 en 2021, voir le tableau 2.) La vieillesse, et particulièrement le grand âge, est et restera un monde de femmes[7].

Tableau 4

POURCENTAGE D'AUGMENTATION DE LA POPULATION ÂGÉE,
SELON LE SEXE, DE 1981 À 2021, AU CANADA

Groupe d'âge	Pourcentage (%) d'augmentation de 1981 à 2021	
	Femmes	**Hommes**
65-69	121	127
70-74	144	160
75-79	141	166
80-84	152	190
85-89	205	200
90 et plus	288	179

Source : Ellen M. Gee et Meredith M. Kimball, *Women and Aging*,
Toronto, Butterworths, 1987, p. 19.

Si le vieillissement de la structure démographique est dû à la baisse de la natalité, comment en expliquer la féminisation ? Nous aborderons ici les deux facteurs déterminants de la supériorité féminine (numérique, j'entends !), d'abord la migration – facteur très secondaire –, puis la mortalité.

La longévité des femmes

Si la féminisation de la population âgée s'explique surtout par l'espérance de vie plus élevée des femmes, la migration récente des populations féminines est aussi un facteur à mentionner. Traditionnellement, le Canada a sélectionné et reçu des hommes immigrants, ceux-ci étant plus libres de voyager et disponibles pour accomplir des tâches spécifiques de colonisation et d'industrialisation. À titre d'exemple, rappelons l'arrivée massive des Chinois, qui, au début du siècle, ont contribué à la construction des chemins de fer. (Son effet sur le ratio hommes/femmes se reflète d'ailleurs au tableau 2, en 1941, alors que ces immigrants étaient âgés d'environ 50 à 69 ans.)

Or, l'impact du mouvement migratoire sur le rapport de masculinité est moins sensible aujourd'hui : depuis 1980, les données sur l'immigration démontrent une proportion légèrement plus importante de femmes immigrantes (environ 96 hommes pour 100 femmes[8]). Si la tendance se maintient, et il y a lieu de le croire, l'immigration contribuera à l'augmentation du nombre de femmes par rapport aux hommes dans la population. Il s'agit toutefois d'une faible influence ; soulignons que les personnes immigrantes représentaient en 1986 16 % de la population canadienne totale et que les femmes y constituaient 51 % de la collectivité. Ces femmes immigrantes sont d'ailleurs plus âgées que les non-immigrantes, et une sur cinq a plus de 65 ans[9].

Il reste que la principale cause de la féminisation de la population âgée réside dans le fait que les femmes ont une espérance de vie supérieure à celle des hommes. Si l'espérance de vie des hommes et des femmes a augmenté de façon importante au cours des années 1941 à 1986, les gains sont plus significatifs chez les femmes. Ainsi, une fille née en 1986 peut s'attendre à vivre près de 80 ans, alors que son espérance de vie en 1941 était de 66 ans (un gain d'environ 14 années). Un garçon, quant à lui, vivra en moyenne jusqu'à 73 ans, alors qu'en 1941 il pouvait s'attendre à vivre près de 63 ans (un gain de 10 années[10]).

Ainsi, de trois années supérieures à celle des hommes en 1941, la longévité des femmes est passée à sept ans de plus. Cet écart appelle une première conclusion : prenons nos hommes plus jeunes d'au moins sept ans, si on veut vivre avec eux plus longtemps !

Le tableau 5 présente l'évolution de l'espérance de vie masculine et féminine sur une période de 45 ans. Il est intéressant de constater qu'une femme âgée de 65 ans en 1986 peut espérer vivre 19 autres années pour atteindre 84 ans, tandis que son homologue masculin peut s'attendre à vivre 14 années pour atteindre 79 ans. Ainsi, l'écart entre l'espérance de vie à 65 ans est passé d'un an en 1941 à quatre ans en 1986.

Ces données correspondent à celles recueillies par l'imposante enquête Santé-Québec, en 1987, qui évaluait l'espérance de vie des Québécoises à 79,5 ans[11]. Précisons toutefois que l'espérance de vie n'est pas la même dans toutes les catégories de la population ; les femmes nées dans les classes favorisées vivent plus longtemps, environ deux ans de plus, que celles issues de milieu économiquement désavantagé[12]. Des distinctions s'imposent aussi lorsqu'on considère l'espérance de vie en bonne santé. Nous reviendrons sur ces questions de santé et de morbidité des femmes âgées dans le prochain chapitre.

Nous avons donc vu que les femmes âgées sont plus nombreuses que les hommes parce qu'elles ont une espérance de vie supérieure de sept à huit ans. Les gains sur le plan de la santé, de l'hygiène, de l'organisation des soins bénéficieraient davantage aux femmes. Comment expliquer cette différence, alors qu'en fait les causes de mortalité sont sensiblement les mêmes

---

Tableau 5

ESPÉRANCE DE VIE À LA NAISSANCE ET À 65 ANS,
SELON LE SEXE, AU CANADA EN 1941, 1961, 1981 ET 1986

	À la naissance		À 65 ans	
	Femmes	**Hommes**	**Femmes**	**Hommes**
1941	66,3	63	14	13
1961	74	68,4	16	14,5
1981	79	72	18	14
1986	80	73	19	15

Source : Centre canadien de la santé, Section de l'état de santé, données citées par Statistique Canada, *Portrait statistique des femmes au Canada*, p. 144.

chez les femmes comme chez les hommes, les maladies cardiaques et les cancers apparaissant en tête de liste ?

Ces résultats rejoignent ceux d'autres sociétés industrialisées, dans lesquelles on note que la diminution du taux de natalité, le développement social et économique, les changements épidémiologiques font que la mortalité n'est plus due à des maladies infectieuses mais de dégénérescence, et s'accompagnent d'un avantage des femmes au niveau de la longévité[13].

Plusieurs hypothèses ont été émises pour expliquer pourquoi les femmes vivent plus longtemps ; nous les regroupons, à l'instar d'Ellen M. Gee, en deux principaux volets : les facteurs biologiques et les facteurs sociaux.

La première thèse, dite biologique, met l'accent sur la *supériorité biologique et génétique des femmes* en se basant sur les différences de chromosomes. Eh oui, le sexe faible est en vérité le plus fort ! Il est d'ailleurs démontré scientifiquement que les bébés filles ont un plus haut taux de survie dans la première semaine et dans la première année. Il en est de même pour les prématurés.

Tableau 6		
PRINCIPALES CAUSES DE MORTALITÉ, SELON LE SEXE, AU CANADA, EN 1987		
Causes	**Femmes %**	**Hommes %**
Maladies du cœur	30,8	31,5
Tumeurs malignes (cancer)	26,1	26,4
Maladies vasculaires cérébrales	9,4	5,8
Maladies respiratoires	7,0	8,5
Accidents (incluant les empoisonnements et les actes de violence)	5,2	9,8
Divers	21,5	18,0

Source : Centre canadien de la santé, Section de l'état de santé, données citées par Statistique Canada, *Portrait statistique des femmes au Canada*, p. 145.

L'autre thèse invoque les *capacités supérieures d'adaptation des femmes aux facteurs sociaux et environnementaux*. Les femmes, de par les rôles sociaux et sexuels, composeraient mieux avec les aléas, le stress et les bouleversements de la vie. De plus, les déterminants culturels encouragent davantage les hommes à adopter des comportements à risque qui diminuent leurs chances de survie. D'ailleurs, l'incidence des accidents comme cause de décès est plus prononcée chez les hommes que chez les femmes (voir le tableau 6), qu'on pense notamment aux accidents de la route.

Mais quelles sont les tendances pour l'avenir ? L'écart de longévité entre les sexes va-t-il s'atténuer, ralentir sa progression ?

On peut penser dans un premier temps que la mortalité féminine risque d'augmenter compte tenu des changements dans les rôles sexuels, comme l'accès des femmes au marché du travail, dans des conditions souvent précaires d'ailleurs, et l'adoption par celles-ci de comportements à risque (boire, fumer, conduire). Parallèlement, la mortalité masculine devrait moins augmenter en ce qui a trait aux accidents de la route (entre autres à cause des nouvelles normes de sécurité routière) et aux maladies respiratoires compte tenu du nombre d'hommes qui arrêtent de fumer[14].

Ainsi s'il est raisonnable de croire que l'écart dans l'espérance de vie s'atténuera, les facteurs biologiques, soit la supériorité biologique des femmes (j'aime à le répéter !), devraient continuer à leur assurer une plus grande longévité que les hommes (c'est d'ailleurs ce que reflètent les projections du tableau 2). Diverses recherches ont d'ailleurs démontré que les progrès dans les domaines médical et sociosanitaire profitent davantage aux femmes. Pour toutes les causes de décès, sauf le cancer, surtout le cancer du poumon, on constate une diminution plus marquée de la mortalité chez les femmes :

Among older persons, there is clear evidence that the medical advances that benefit the old have had a more salutary effect for women than they have had for men. For all major causes of death, except cancer, the death rates for both sexes declined : however they declined more precipitously for women than for men, lending support for the hypotheses that women have a relatively superior constitution[15].

DISCRIMINATION SEXUELLE ET ÂGISME

Quand la femme a renoncé à lutter contre la fatalité du temps, un autre combat s'ouvre : il faut qu'elle conserve une place sur terre.

Simone de Beauvoir [16]

Être une femme et être âgée, dans une société obsédée par la jeunesse et la productivité, et majoritairement contrôlée par des hommes, c'est être vulnérable au sexisme et à l'âgisme. Le double critère de la jeunesse et de la beauté contribue à faire des femmes âgées les citoyennes les plus négligées et méprisées[17]. Vous croyez que j'exagère ? Les femmes de 65, 75 et 85 ans sont perçues comme étant peu attirantes sexuellement, limitées intellectuellement ou du moins peu intéressantes, centrées sur leurs « bobos », et peu utiles socialement...

Le mythe de la jeunesse et de la beauté

Tant chez l'homme que chez la femme, la trentaine marque le début de plusieurs changements métaboliques qui vont s'accentuant au fil du temps. Le vieillissement est un processus physiologique normal et connu. Pourtant quand vient le temps d'afficher son âge, l'homme semble jouir d'un avantage très net. La femme préfère se taire ou blaguer sur ses vingt ans. Le refus de vieillir, la peur de vieillir sont beaucoup plus marqués chez elle.

Miroir, miroir, dis-moi… Les femmes ont avec le miroir une relation très particulière, conditionnée depuis leur jeune enfance et renforcée par les pressions sociales. C'est très jeune que nous apprenons à être «jolie», à soigner notre *look*, à nous maquiller (juste ce qu'il faut), à nous épiler, à suivre des régimes pour correspondre à l'idéal de la beauté et de la minceur. Même les plus scolarisées d'entre nous, celles qui ont un travail, une carrière, se heurtent au mythe de la jeunesse et de la beauté. Je pense en l'occurrence à Judith Jasmin, une journaliste exceptionnelle qu'on a vue disparaître de la télévision, des émissions d'information par surcroît. A-t-on jugé que son image vieillissante ne correspondait plus aux attentes de l'auditoire? Les rides des journalistes masculins ne semblent pourtant pas avoir cet effet négatif.

En fait, la société enseigne aux femmes qu'il vaut mieux camoufler les poches sous les yeux et le grisonnement des cheveux pour être attirante et désirable. Le message est sans équivoque et il nous assaille de toutes parts : jeunesse = beauté, et encore plus, beauté = amour. Parlez-en aux femmes séparées, divorcées ou veuves de 40 ans : plusieurs se sentent déjà disqualifiées, les hommes de leur âge étant souvent à la recherche de jeunes partenaires. Comme le disait Simone de Beauvoir :

> La femme vieillissante sait bien que si elle cesse d'être un objet érotique, ce n'est pas seulement parce que sa chair ne livre plus à l'homme de fraîches richesses : c'est aussi que son passé,

son expérience font d'elle bon gré, mal gré, une personne ; elle a lutté, aimé, voulu, souffert, joui, pour son compte : cette autonomie intimide[18] […].

Or, malgré l'évolution sociale et le féminisme, la loi de la beauté continue à agir sur la vie des femmes, pire, cet impératif finit par affecter l'estime de soi[19]. Même les femmes énergiques et bien dans leur peau luttent contre ces préjugés et avouent consacrer temps, énergie et argent pour paraître plus jeunes et plus féminines, au grand bonheur des compagnies de produits de beauté qui continuent à faire des affaires d'or.

Selon les chiffres de ventes de l'Association canadienne des cosmétiques, produits et parfums, en 1992, malgré la récession, on a englouti au Canada 228,5 millions de dollars en cosmétiques, produits de maquillage et 254 millions en soins de la peau. De plus 250 000 personnes par année optent pour une chirurgie esthétique – une clientèle majoritairement féminine, faut-il le préciser. Le magazine *Coup de pouce*, qui révélait ces statistiques dans son numéro spécial « Bien vieillir », présentait aussi des trucs beauté pour résister aux ravages du temps[20].

Le mythe est encore bien vivant, et il importe de l'attaquer au quotidien… Chaque fois qu'une femme ment au sujet de son âge, elle contribue inconsciemment à renforcer les préjugés, « elle se fait complice de son propre sous-développement en tant qu'être humain. […] Les femmes devraient laisser leur visage nous montrer la vie qu'elles ont vécue. Les femmes devraient dire la vérité[21]. »

Les préjugés et principaux stéréotypes

Les critères artificiels de la beauté, de la jeunesse et de la minceur finissent ainsi par agir sur l'estime qu'ont les femmes âgées d'elles-mêmes. À ce discrédit s'ajoutent plusieurs autres préjugés qui affectent tous les aspects de leur vie et sont encore largement répandus[22]. Ces vues négatives sont aussi étroitement associées à la perception qu'a la société de la vieillesse et des personnes âgées. Nous les présentons succinctement et y reviendrons dans les chapitres suivants afin de départager les mythes et réalités qu'elles véhiculent.

• Santé

Les femmes âgées sont plus malades que les hommes, elles ont des problèmes de santé, réels et imaginaires. Elles parlent beaucoup de ces problèmes (elles radotent, diront les plus méprisants-es) et consultent constamment les médecins. Il s'agit du mythe de la surconsommation de soins et de services de santé par les femmes âgées, du mythe du médecin qui a remplacé le curé de la paroisse.

• Sexualité

La femme vieillissante est inactive sexuellement, peu intéressée à la sexualité et peu intéressante à cet égard. Le mythe de la personne âgée asexuée est étroitement associé au fait qu'on n'imagine pas de vie de couple pour les femmes âgées surtout lorsqu'elles sont veuves ou divorcées.

• *Retraite*

La retraite n'est pas une étape de vie significative pour les femmes : elles s'y adaptent beaucoup plus facilement que les hommes puisqu'elles sont moins engagées dans leur travail et qu'elles vivent une certaine continuité dans les rôles familiaux. Ce préjugé reflète l'idée encore répandue voulant que les femmes n'aient que peu d'intérêt pour le travail, leur salaire constituant un revenu d'appoint, leur permettant de se payer quelques luxes.

• *Loisir*

La femme âgée passe son temps chez elle à faire du petit point, des jeux de patience et à attendre ses petits-enfants. Le mythe de l'oisiveté et de la dépendance sous-estime l'important engagement social des femmes et la complexité des réseaux d'ami-es et d'activités qu'elles ont bâtis avec les années.

*

Les images de « vieilles » femmes véhiculées dans les journaux, dans les médias, notamment dans les téléromans, contribuent à entretenir et même à renforcer tous ces préjugés. Notre culture nous a transmis trois principaux modèles de la femme âgée, sortes d'images clichés et que Louise Dulude a présentées dans son important rapport au Conseil consultatif sur la situation de la femme : la sorcière, la bonne mémère et la vieille[23].

La *sorcière* fait référence à ces pouvoirs un peu occultes des femmes âgées, à leur intuition, à leur expérience et à leur connaissance des plantes médicinales. Cette image nous renvoie aussi à toute une période d'horreur où en Europe on faisait la « chasse aux sorcières » et où on les brûlait vives. La sorcière est encore présente dans les contes de fées et les émissions pour enfants. On peut comprendre le malaise que ressentent les enfants face aux dames très âgées, surtout celles qui ont plus de 80 ans et qui sont atteintes d'arthrite.

Ma fille Andréanne, à l'âge de cinq ans, est allée avec sa classe de maternelle donner un spectacle de Noël dans un centre d'accueil. Comme elle fut impressionnée et même apeurée de voir les « madames avec les mains toutes croches » ! Elle m'a dit qu'elle n'avait pas voulu les approcher « trop trop ». Je n'avais pas réalisé qu'outre ses deux grands-mères qui sont alertes et actives, elle ne connaissait pas de très « vieilles dames » et n'avait pour modèle que celles de ses livres et des dessins animés de la télévision. Dans *La Belle au bois dormant* et *La Petite Sirène*, les vieilles sont de méchantes sorcières ! La sorcière, dans ses accès tyranniques et hystériques, transparaît aussi dans le portrait de la « vieille folle ».

La *bonne mémère,* c'est la grand-mère disponible ou la vieille tante qui prépare mille et une surprises en attendant la visite des petits-enfants ; pantoufles tricotées, poupées, bricolage, petits biscuits préférés, vêtements reprisés, etc. On la voit beaucoup à la télévision, c'est la femme centrée sur son rôle de grand-mère et les services à rendre à sa famille. « Grand-mère » dans *Passe-Partout* reste disponible aux jeux et activités des petits (soulignons d'ailleurs qu'elle n'a pas de prénom).

Puis vient la *vieille,* celle qu'on ne voit pas ou qu'on ne veut pas voir, celle qu'on oublie, contrairement à la *sorcière* ou la *bonne mémère*. Elle correspond au stéréotype nord-américain de la vieille aux cheveux blancs, qui ne fait pas grand-chose, n'exige rien, n'est pas vraiment intéressante mais pas dérangeante non plus. C'est la majorité silencieuse. Une image me vient en tête, celle de la « vieille dame » dans le célèbre *Babar*. Elle n'a pas de nom, ne parle pas, elle est excessivement mince et on la voit à peine d'une page à l'autre. Une étudiante me rappelait d'ailleurs que dans l'une des séries télévisées elle n'avait même pas de bouche !

Ces stéréotypes sont vivaces, sous des formes plus subtiles ou nuancées peut-être, mais toujours aussi insidieusement dévalorisants. Je vous invite à faire l'exercice d'identifier les personnages de femmes âgées (non pas les comédiennes et les auteur-es) qu'on rencontre dans la littérature, les téléromans, la publicité. Vous verrez que les mythes se perpétuent et que les nouveaux modèles sont chose rare. Outre la télésérie *Marilyn* mettant en vedette une femme de 50 ans active, amoureuse, engagée politiquement, les exemples sont peu nombreux.

La publicité, qui traditionnellement n'utilisait des femmes âgées que pour les préarrangements funéraires ou les problèmes d'incontinence, semble prendre un nouveau virage, mais le message est paradoxal, à la fois drôle mais aussi moqueur : avec un ton quelque peu ridicule, des femmes âgées annoncent des automobiles, et La Poune, de la bière.

Mais le constat dominant est celui d'une absence quasi totale des femmes âgées dans les médias, une sorte de vacuum. À titre d'exemple, citons l'étude de Moore et Cadeau qui ont analysé quelque 1 733 réclames à la télévision. Selon cette étude, les personnes âgées sont les personnages principaux dans moins de 2 % des annonces publicitaires et, dans ces rares cas, les hommes âgés sont deux fois plus présents que les femmes[24]. Ajoutons que les téléromans les plus populaires actuellement – *Scoop*, *Chambres en ville*, *À nous deux*, entre autres – n'ont aucun personnage féminin de plus de 60 ans. C'est dire que les téléromans reflètent les préjugés sociaux…

Cette omission des femmes âgées est d'autant plus importante qu'elle s'observe dans les autres sphères de la vie sociale, dans la recherche scientifique et même en gérontologie. Ce manque d'intérêt et ces stéréotypes font qu'on néglige et qu'on ne tient pas compte de la majorité des personnes âgées – soit les femmes – dans les politiques et programmes gouvernementaux, l'organisation des services de santé et la formation des intervenants-es. Qu'en est-il de la fameuse loi du nombre ?

L'omission des femmes âgées

• Au niveau de la recherche

Malgré leur nombre, malgré le fait qu'elles représentent la majeure proportion des gens âgés, les femmes sont quasi invisibles pour les chercheurs-es en gérontologie. Ce constat s'applique autant au domaine des sciences sociales qu'au domaine des sciences biologiques et médicales. Il est d'ailleurs connu, voire reconnu, que la recherche médicale a négligé les femmes. Les études portant sur les problèmes de santé plus typiquement féminins (ostéoporose, chutes à domicile, dépression, etc.) sont moins nombreuses et moins subventionnées.

Dans un article portant sur le sexisme dans les recherches en sciences sociales, Elinor J. Burwell illustre comment les femmes âgées sont sous-représentées comme sujets d'étude, en faisant référence aux nombreuses recherches en gérontologie qui ont omis la variable femme lors de la cueillette des données[25]. Ce qui la préoccupe encore davantage, c'est qu'on a souvent généralisé les résultats de ces études à l'ensemble des personnes âgées, sans préciser qu'ils pourraient être différents pour les femmes. L'auteure démontre aussi que si depuis les années 1980 on tient compte des « vieilles » femmes en les incluant dans l'échantillonnage, elles tendent à disparaître à nouveau quand vient le moment d'analyser les données ou de discuter des résultats. Lorsqu'on parle des femmes âgées, on étale une série de données statistiques…

Un exemple typique d'omission des femmes en gérontologie est celui qu'on observe dans les recherches sur l'adaptation à la retraite. Non seulement les modèles d'analyse se réfèrent uniquement à la réalité masculine, mais le travail des femmes n'est pas vu comme central dans leur vie. Conséquemment, l'adaptation féminine à la retraite n'a pas constitué un sujet de nature à retenir l'attention des chercheurs ni à susciter leur intérêt et ce, malgré la présence des femmes sur le marché du travail depuis plusieurs années. On a eu tendance, et on a toujours tendance, à concevoir la vie des femmes par rapport à leur rôle reproductif : on s'attarde donc à la ménopause et au phénomène du « nid vide » (le départ du dernier enfant), négligeant la variable travail lorsqu'on étudie les femmes âgées[26]. Et là encore, les auteures s'intéressant à la ménopause et au mitan de la vie des femmes, dont les pionnières Pauline Bart et Judith Posner, critiquent les deux visions extrêmes sous lesquelles on aborde le sujet, soit comme un état de carence hormonale ou un état psychosomatique – « c'est dans votre tête madame[27] ». Il y a un manque de recherches soutenues sur les interactions entre les facteurs biologiques, psychologiques et sociaux.

La gérontologie a presque toujours mis l'emphase sur les hommes âgés et, non seulement les modèles de référence sont masculins, mais on a nettement sous-estimé l'impact du vieillissement sur les femmes, surtout en ce qui a trait à la retraite et au veuvage. Les premières études sur la répercussion de ces événements dans la vie des femmes les ont présentés comme étant un passage moins brutal et moins démoralisant que chez les hommes[28].

C'est plus tardivement, dans des journaux et des revues spécialisées, tels *Les Cahiers de la femme*, *La Gazette des femmes*, qu'on a commencé à démontrer et à étudier les différences culturelles et sexuelles. Les femmes ont certes développé des stratégies d'adaptation et des relations sociales de nature à les aider, mais la retraite et le veuvage s'accompagnent pour elles d'isolement, de difficultés financières et d'effets négatifs sur l'estime de soi. L'iniquité des législations de sécurité du revenu et des régimes de pension dénoncée par les groupes de femmes n'est souvent même pas mentionnée dans la littérature en gérontologie. On y parle du statut socio-économique des personnes âgées par rapport à leur mode de vie, en exposant que ce sont les personnes vivant seules qui risquent le plus d'être pauvres. Et qui sont ces personnes âgées seules ? Le plus souvent, ce sont des femmes veuves ou divorcées, qui ont comme seul revenu la pension de la sécurité de vieillesse et le supplément de revenu garanti. La plupart d'entre elles, surtout celles âgées de 70 ans et plus, n'ont pu accumuler de fonds de retraite ou d'économies personnelles, n'ayant travaillé que par intermittence, entre les grossesses ou après 40, 45 ans. Mais la vieillesse pour les femmes ne saurait se résumer à un constat d'inégalité de revenu. Elle est engagement social et familial, elle est participation active et dynamique à des associations à but non lucratif.

Compte tenu des défis que pose le vieillissement de la population dans un contexte de réduction des mesures sociales, on parle beaucoup en gérontologie de participation communautaire et on interpelle les aidants naturels. Mais qui sont ces bénévoles, ces pairs ? Ce sont majoritairement des femmes, des « aidantes naturelles ».

• *Au niveau de l'intervention*

Comment expliquer ce manque d'intérêt à l'égard de la réalité féminine dans un domaine, la gérontologie, où les femmes sont si présentes ? Elles constituent en effet la majorité de la clientèle mais aussi la majorité des intervenants-es professionnels-les. Le taux global de féminité pour l'ensemble de la main-d'œuvre du secteur hospitalier est de 73 % et celui des autres services médicaux et sociaux est de 71,9 %[29].

Car si la recherche sur la vieillesse des femmes a du rattrapage à faire, il en est de même pour l'intervention. On est bien loin d'une intervention gérontologique féministe... d'une approche adaptée aux besoins des femmes de 60, 70, 80 et 90 ans et tenant compte des aspects physiologiques, psychologiques et sociaux propres à chacune de ces générations. Déjà trop peu nombreux, les centres de santé des femmes (mis sur pied pour et par les femmes) ne rejoignent pas vraiment les plus âgées ; ils semblent plus près des femmes dans la trentaine et la quarantaine.

Une intervention conscientisée passe inévitablement par une connaissance de la spécificité du vieillissement des femmes et par une sensibilité à l'histoire de nos aînées. On oublie trop souvent dans les soins qu'on dispense et dans l'organisation des services que les « bénéficiaires », « clientes », « patientes », « usagères » – des mots qui sont tous plus laids les uns que les autres – sont peu scolarisées et ont été élevées dans la soumission. Plusieurs d'entre elles ont été des adultes sans droit de vote, sans droit de parole ni d'opinion. Et on voudrait qu'elles participent à définir leurs plans de soins selon une approche globale et intégrée qui tienne compte de la dimension bio-psycho-sociale ! Le paradoxe est tel qu'en contrepartie on ne reconnaît pas leurs compétences en la matière ; elles qui ont pourtant soigné leur famille pendant plus de cinquante ans.

« Nos grands-mères n'étaient même pas des personnes », relatait Catherine Lord dans un des articles soulignant le 50e anniversaire du droit de vote des femmes. « Aussi incroyable que cela puisse paraître, il a fallu attendre 1929 pour que ce statut leur soit enfin reconnu[30]. » Cet épisode de la longue lutte des Québécoises pour l'obtention du suffrage, acquis durement en 1940, peut sembler appartenir à un autre siècle aux yeux des plus jeunes. Il est pourtant récent et bien présent dans la mémoire des femmes de 70 ans et plus.

Il faut développer des façons de faire qui permettent aux plus âgées, surtout celles qui furent ces citoyennes de deuxième ordre, d'exprimer leurs besoins et de prendre leurs propres décisions en ce qui a trait à leur vie et à leur mort. Ceci vaut aussi pour les femmes de 55, 60, 65 et 70 ans, qui n'ont souvent appris qu'à plaire, à se taire, à intégrer des valeurs d'abnégation, de don de soi[31]. Bien que généralement plus autonomes, elles demeurent vulnérables aux injustices et à l'oppression spécifique faite aux femmes âgées dans cette société. Les mythes et les préjugés que nous avons exposés dans la section précédente sont fortement enracinés, et il faudra encore bien des Idola Saint-Jean, des Thérèse Casgrain, des Simonne Monet-Chartrand, pour les extirper.

La gérontologie est encore sexiste. Il m'arrive de me faire demander par des collègues quelle est la pertinence de donner un cours en « condition féminine et vieillissement » dans un certificat de gérontologie où on traite déjà de psychologie, physiologie et sociologie du vieillissement et d'intervention auprès des personnes âgées... Je paraphraserais cette réflexion de Micheline Dumont et de Nadia Fahmy-Eid, qui, en introduction d'un numéro récent de la revue *Recherches féministes*, soulevaient qu'en dépit de vingt années de recherche en histoire des femmes, de nombreuses bibliographies, d'ouvrages importants, il est encore marginal d'affirmer que « les femmes sont dans l'histoire. Les femmes ont une histoire. Les femmes font l'histoire[32]. »

Chapitre 2

LA VIEILLESSE AU FÉMININ :

SES ASPECTS PHYSIOLOGIQUES

Comme nous l'avons vu au chapitre précédent, les femmes ont une longévité supérieure à celle des hommes. Leur espérance de vie est évaluée à près de 80 ans et, lorsqu'elles atteignent 65 ans, ce sont 19 autres années qu'elles peuvent espérer vivre[1]. Qu'en est-il de la qualité de vie de ces années ? Dans quelles conditions les femmes peuvent-elles envisager passer cette dernière période de vie ?

Dans ce chapitre, nous examinerons la perception que les femmes âgées ont de leur propre santé, ainsi que la prévalence de certains problèmes plus typiquement féminins : ostéoporose, cancer du sein, dépression, etc. Nous pourrons ainsi mettre en perspective certaines données statistiques concernant la santé des femmes et leur consommation de soins et de services médicaux.

Du cabinet de médecin qui aurait remplacé le confessionnal en passant par le sac à main devenu pharmacie, les mythes en la matière sont coriaces. Les femmes âgées sont-elles vraiment plus malades que les hommes ? L'effet du nombre est en grande partie responsable de cette croyance populaire. Avec le vieillissement et surtout le grand âge, les gens sont davantage confrontés à des problèmes de santé et sont conséquemment plus sujets à nécessiter des soins et des services. Or, puisque cette population vieillissante est surtout féminine, il s'en dégage une impression que les femmes âgées envahissent le réseau sociosanitaire. De là à les considérer comme des surconsommatrices, le pas est facile à franchir...

Plusieurs seront surpris d'apprendre que les femmes âgées interrogées dans l'enquête Santé-Québec se considéraient majoritairement comme étant en bonne, très bonne ou même en excellente santé[2]. En fait l'étude de l'état de santé et du rapport des femmes au monde médical s'avère complexe et révèle des inégalités sociales et économiques : les plus âgées, les plus pauvres et souvent les plus isolées forment une cohorte marginale qui vient assombrir le tableau en augmentant le nombre de journées d'incapacité, de consultations médicales, de médicaments, etc.[3].

Autre constat qui est au centre des préoccupations : le nombre étonnant de femmes de 65 ans et plus qui consomment des psychotropes (médicaments pour les nerfs) et en grande quantité ! C'est toute la question de la dépendance, du contrôle sur sa vie et de la réappropriation de son corps qui est au cœur de cette réflexion sur la santé de celles qui ont soigné tout le Québec...

FEMMES, SANTÉ ET VIEILLISSEMENT

Est-il possible de vivre vieille et en santé ?

Oui, surtout si on est riche et bien entourée ! Les meilleurs indicateurs de maladie demeurent l'avancement en âge et un faible niveau socio-économique. L'humoriste Yvon Deschamps affirmait d'ailleurs qu'il « vaut mieux être riche et en santé que pauvre et malade »…

Le cumul des années ne s'accompagne certes pas d'un gain significatif au niveau de l'état de santé. Ainsi, des 80 années de vie estimées, 1,9 année sera vécue avec un handicap à court terme, 7,2 années avec un handicap à long terme et les dernières 1,8 année sera passée en institution. Le nombre d'années en situation d'incapacité s'élèvera à presque 11 ans pour les femmes[4]. Conséquemment, l'espérance de vie en bonne santé, sans restriction d'activité ou sans hospitalisation, est évaluée à 68,7 années chez les femmes.

On voit donc se dessiner un tableau où les femmes ont plus de problèmes de santé, présentent un plus haut taux de morbidité, mais où ce sont les hommes qui meurent plus tôt.

Profil de santé

• *Santé physique et psychologique*

L'enquête Santé-Québec révélait que 75 % des femmes de 65 à 74 ans qui avaient été interviewées se considéraient en bonne, très bonne ou en excellente santé comparativement à 67 % chez les 75 ans et plus. Cette perception assez positive qu'ont les aînées de leur santé par rapport aux images véhiculées donne des résultats plus nuancés si on croise les données avec le niveau de revenu ou la langue d'usage[5] des répondants-es. En fait 62 % des femmes de 65 à 74 ans (58 % chez les 75 et plus) s'estimant en excellente santé appartiennent à des milieux à moyens et à hauts revenus, et 65 % des femmes de 65 à 74 ans (58 % chez les 75 et plus) se percevant en mauvaise santé sont pauvres et très pauvres.

Tableau 7					
PERCEPTION DE LA SANTÉ SELON L'ÂGE ET LE SEXE, AU QUÉBEC, EN 1987					
	Excellente	**Très bonne**	**Bonne**	**Moyenne**	**Mauvaise**
65 - 74 ans					
Femmes	11 %	23 %	41 %	21 %	4 %
			75 %		25 %
Hommes	9 %	30 %	33 %	23 %	5 %
			72 %		28 %
75 ans et plus					
Femmes	10 %	20 %	37 %	27 %	6 %
			67 %		33 %
Hommes	14 %	27 %	34 %	18 %	7 %
			75 %		25 %

Source : *Les Personnes âgées : Et la santé, ça va ?*, enquête Santé-Québec, p. 48-50.

Ces résultats corroborent le constat général selon lequel les personnes pauvres sont une catégorie à haut risque en matière de problèmes de santé. Or la corrélation entre maladie et pauvreté marque plus durement les femmes et s'accentue avec le temps : cette surreprésentation féminine passe de 17 % chez les jeunes de 18 à 24 ans à 61 % chez les aînés[6]. Malgré l'apport des régimes de pension publics, les personnes seules, surtout les femmes, vivent encore sous le seuil de la pauvreté. C'est parmi les femmes défavorisées de 45 à 64 ans que l'état de santé se détériore de façon plus marquée. Les auteures parlent d'un phénomène de vieillissement prématuré en milieu défavorisé.

Une étude menée par des chercheurs de l'Université de Sherbrooke auprès de 601 sujets âgés, dont 300 femmes vivant à Montréal, à Sherbrooke et en région, s'est intéressée à la question de la perception de soi et de la santé. Évaluant à la fois la santé objective et la santé subjective, les chercheurs concluent qu'objectivement les femmes sont généralement en moins bonne santé[7]. Ils ont aussi observé que, chez les célibataires et les religieuses, la proportion de femmes en excellente ou en bonne santé est plus forte. On ne peut ignorer l'effet des grossesses nombreuses, des accouchements vécus dans des conditions souvent difficiles, des corvées ménagères et des responsabilités familiales sur la santé des femmes, surtout chez les plus âgées. La détérioration de la santé, toujours selon cette étude, est encore plus prononcée chez celles qui ont vécu une séparation ou un divorce : le niveau de stress et les bouleversements familiaux en seraient responsables, de même que le fait de vivre seule, car comme nous l'avons souligné, les femmes âgées vivant seules sont plus touchées par la pauvreté et ont un état de santé beaucoup plus précaire.

En comparant l'état de santé objective par rapport à la perception subjective, les chercheurs de l'Université de Sherbrooke notent que les hommes tendent généralement à surestimer légèrement leur état de santé tandis que les femmes sont plutôt portées à le sous-estimer. Cette observation nous renvoie à des comportements typiquement culturels en ce qui a trait au rapport des hommes et des femmes avec la santé.

Dans l'enquête Santé-Québec, on a demandé aux interviewés-es d'identifier leurs problèmes de santé. Le tableau de la prévalence des principaux problèmes de santé présente des résultats nettement supérieurs chez les femmes de 65 ans et plus. Ainsi, 43 % des femmes déclarent des problèmes d'arthrite et de rhumatisme, comparativement à 19 % des hommes. Les troubles mentaux toucheraient 27 % des femmes âgées et 18 % des hommes. Ces derniers déclarent des maladies cardiaques dans une proportion de 23 %, par rapport à 21 % chez les femmes[8].

Ces résultats démontrent que les femmes âgées sont plus nombreuses que les hommes à déclarer des problèmes de santé. Toujours selon l'enquête Santé-Québec, chaque femme déclare en moyenne trois problèmes de santé, dont les plus fréquents sont : l'arthrite et le rhumatisme (43 %), l'hypertension (36 %), les troubles mentaux (27 %) et les maladies cardiaques (21 %). Plus près de leur corps et davantage sensibilisées aux symptômes des maladies, il ne fait pas de doute que les femmes âgées ont développé des habiletés à les dépister et à les identifier. Leur auto-évaluation reflète les valeurs qu'elles associent à la santé et leur niveau de connaissance des divers problèmes.

Ce bilan illustre une réalité féminine : un état de santé général qui assure la longévité, mais de nombreux problèmes de santé surtout avec l'avancement en âge. Elles ont donc un taux de mortalité inférieur aux hommes, mais un taux de morbidité supérieur (par exemple, en ce qui a trait aux incapacités de courte durée, Santé-Québec a comptabilisé une moyenne annuelle de 45 jours d'alitement pour les femmes de 75 ans et plus, comparativement à 23 pour les hommes du même âge). Et lorsqu'on conjugue ce profil avec les caractéristiques sociales et économiques (revenu, mode de vie, solitude), le bilan s'alourdit.

Les évaluations dites objectives s'inquiètent particulièrement du taux d'incapacité des aînées. Principalement causées par l'arthrite et les rhumatismes, de même que par les maladies cardiaques, les incapacités à long terme limitent 15 % des femmes âgées de 65 à 74 ans et 24,5 % des femmes de 75 ans et plus. Ainsi une femme sur quatre ayant plus de 75 ans nécessite de l'aide soit pour des soins personnels (se laver, s'habiller, se nourrir, se déplacer dans la maison), dans une proportion de 11 %, soit pour des tâches instrumentales (gérer ses affaires, entretenir la maison ou le logement, faire les courses et pour les sorties) dans une proportion de 27,3 %. Enfin, 6 % d'entre elles sont alitées ou confinées à un fauteuil, proportion évaluée à 2 % chez les femmes âgées de 65 à 74 ans[9].

Les femmes que j'ai côtoyées et rencontrées exprimaient toutes cette peur, cette inquiétude qu'on ait à s'occuper d'elles, dans les petits détails intimes : « se faire entretenir, se faire laver, quelle humiliation ! »

Comme intervenants-es qui gèrent et dispensent des plans de soins et services, on oublie souvent de tenir compte de l'impact et de la signification de ces gestes sur les personnes assistées quotidiennement. C'est vraiment une atteinte à leur dignité et ce sentiment est très marqué chez les femmes.

Mentionnons que les troubles mentaux, dont disent souffrir 23,5 % des femmes de 65 à 74 ans et 34,3 % des femmes de 75 ans et plus, ne constituent respectivement que 3,3 % et 2,6 % des causes d'incapacité dans chacun des groupes d'âge[10]. Ces troubles dont la prévalence inquiète renvoient à cette notion essentielle en matière de santé et de prolongement de la vie : le bien-être psychologique.

Les femmes âgées sont-elles heureuses ?

Les femmes âgées entre 65 et 74 ans rejointes par l'enquête Santé-Québec s'estimaient très heureuses dans 33,5 % des cas, plutôt heureuses dans une proportion de 58,1 % et 8,4 % d'entre elles ne se sentaient pas très heureuses. Ce qui surprend particulièrement c'est que les plus âgées ont répondu dans des proportions similaires et que, malgré une espérance de vie, voire une survie souvent contestée, 30,2 % des femmes de 75 ans et plus se considèrent heureuses, par rapport à 10,4 % qui ne s'estiment pas très heureuses.

Ces réponses rejoindraient les résultats obtenus par le Centre des femmes de l'Estrie dans une récente enquête menée auprès de 150 femmes âgées de la région sherbrookoise. Trois femmes sur cinq disent vivre leurs plus belles années, appréciant tout particulièrement leur plus grande liberté et le fait que leur revenu, bien que minime, soit assuré. L'étude rapporte un très haut niveau de satisfaction face à la vie dans une proportion de 93 %, degré qui tend toutefois à diminuer avec l'avancement en âge[11].

On est toujours tenté de relativiser les résultats obtenus par des questions qui incitent à donner une évaluation spontanée et très globale de son niveau de bonheur. Ces résultats très positifs doivent être nuancés en les confrontant à un autre instrument de mesure, en l'occurrence le niveau de détresse psychologique[12]. Si on regarde la population des femmes âgées de 65 à 74 ans, la moitié présente un faible niveau de détresse psychologique mais 27 % d'entre elles ont un niveau élevé, pourcentage atteignant 33,5 % dans le groupe d'âge de 75 ans et plus[13]. Ainsi, une femme sur quatre âgée de 65 à 74 ans et une femme sur trois âgée de 75 ans et plus présentent un haut niveau de stress psychologique. Ces données surprennent d'autant plus que seulement une femme sur dix ne s'estimait pas très heureuse.

En ce qui a trait au niveau de détresse psychologique, les femmes de tout âge se sentent plus concernées que les hommes. Si les indices de détresse chez les femmes sont sensiblement les mêmes d'un groupe d'âge à l'autre, on constate que ce sont les jeunes filles de 15 à 24 ans et les aînées de 75 ans et plus qui présentent les plus hauts niveaux de détresse.

Tableau 8

INDICE DE DÉTRESSE PSYCHOLOGIQUE DES FEMMES, SELON L'ÂGE, AU QUÉBEC, EN 1987

Âge	Indice de détresse psychologique (%)		
	Faible	Modéré	Élevé
15-24 ans	46,2	24,8	29
25-44	56,3	20,4	23,2
45-64	50,3	21,8	27,9
65-74	55,8	17,4	26,9
75 et plus	49	17,4	33,5
Moyenne	**52,5 %**	**21,3 %**	**26,2 %**

Source : *Les Personnes âgées : Et la santé, ça va?*, enquête Santé-Québec, 1989.

Là encore, le portrait serait plus juste si on croisait les résultats avec les caractéristiques socio-économiques des répondantes. Comme le faisaient remarquer les auteures de *La Santé des femmes démunies...*, on observe deux à trois fois plus de troubles psychopathologiques (anxiété, dépression, névroses) chez les femmes défavorisées[14]. Les deux groupes d'âge les plus touchés ? Les adolescentes et les femmes âgées, dans des proportions de 48 et 49 %.

*

Dans cette première section sur les aspects physiologiques du vieillissement des femmes, nous souhaitons avoir dressé un profil de santé qui vient nuancer des perceptions populaires très négatives. Ainsi, les femmes âgées se considèrent en bonne, très bonne et en excellente santé malgré un taux de morbidité supérieur à celui des hommes. Si leur taux d'incapacité est plus important, nous sommes tout de même bien loin du mythe de la totale incapacité, même après 75 ans.

Le portrait global de l'état de santé des Québécoises âgées ne doit toutefois pas servir à cacher des inégalités et, comme le disait Louise Guyon, l'interrelation la plus significative est celle de la catégorie socio-économique et du sexe[15]. Au facteur pauvreté s'ajoutent l'isolement et l'aide insuffisante en cas de maladie. La santé des femmes âgées vivant seules est de façon générale beaucoup moins bonne[16] : celles-ci affichent des taux d'incapacité plus élevés, déclarent plus de problèmes de santé et sont plus nombreuses à consommer des tranquillisants. Et comme les femmes vivent plus longtemps que les hommes, les probabilités de se retrouver seule augmentent et, conséquemment, celles de se retrouver dans la catégorie des femmes âgées, seules, pauvres et... plus malades augmentent aussi.

Quelques problèmes typiquement féminins

Il ne relève pas de cet ouvrage d'étudier les principales maladies qui affectent les personnes vieillissantes et d'en faire l'étiologie. Les causes de décès, voire les problèmes de santé, sont les mêmes pour les hommes et les femmes, ce sont leurs prévalences qui divergent. Il existe toutefois certains problèmes de santé qui sont plus typiquement féminins et qui sont souvent négligés ou sous-estimés. D'ailleurs à ce sujet, le Conseil consultatif national sur le troisième âge (CCNTA) soulève, à l'instar de nombreux groupes de femmes, l'iniquité dans le domaine de la recherche et note qu'en 1991-1992 une très faible partie des sommes affectées à la recherche médicale au Canada concernait spécifiquement les femmes (13 millions sur un budget de 363 millions[17]).

Dans cette section, nous aborderons plus particulièrement quatre problèmes de santé qui touchent davantage les femmes et qui ont un impact sur l'ensemble de leur vie, sur leur qualité de vie. Il s'agit des problèmes mentaux, de l'ostéoporose et des chutes à domicile, du cancer du sein et finalement des problèmes de malnutrition et d'obésité.

• Les problèmes mentaux

Les études qui se penchent sur la santé des femmes se préoccupent particulièrement des problèmes mentaux chez les femmes âgées de 45 ans et plus. L'enquête Santé-Québec a fait ressortir la prévalence de la dépression profonde selon l'âge et le sexe : elle serait de 2 % chez les femmes et de 1,2 % chez les hommes de 15 ans et plus. Les plus hauts taux de dépression profonde se retrouvent chez les femmes de 45 à 64 ans (2,7 %) et de 65 ans et plus (2,8 %). Les hommes du même âge présentent des taux respectifs de dépression profonde de 1,6 % et 1,8 %.

En fait, il importe de situer le problème de la santé psychologique des femmes dans une perspective globale. Dressant un bilan des recherches et enquêtes sur la santé mentale des femmes, Louise Guyon réitère leur conclusion quasi unanime : si les femmes souffrent davantage et déclarent plus de malaises psychologiques et de dépressions, le taux d'hospitalisation pour troubles mentaux est similaire pour les deux sexes. Les femmes ne sont pas sujettes au même type d'intervention : lorsque la patiente est une femme, on aurait moins recours à l'hospitalisation mais davantage à l'aide externe et à la médication. Comme le demande Louise Guyon, cela justifie-t-il qu'un grand nombre de femmes soient abandonnées aux tranquillisants pendant une grande partie de leur vie[18] ?

Outre cette différence dans les traitements prescrits, un fait demeure : la prévalence des troubles psychologiques et des dépressions chez les femmes de 45 ans et plus. Chez les femmes de 45 à 55 ans, on associe fréquemment cette période « plus dépressive » à la ménopause. On a souvent tendance, en matière de santé des femmes, surtout de santé mentale, à chercher des explications simplistes : c'est soit les nerfs, soit les hormones !

Les facteurs biologiques, dont la baisse de production d'hormones à la ménopause, ne sauraient être les seuls facteurs en cause, aucune étude épidémiologique n'ayant réussi à établir une corrélation entre la ménopause et la dépression. Par ailleurs, plusieurs facteurs psychosociaux jouent un rôle et on sait que les problèmes de santé mentale sont étroitement liés aux conditions de vie et aux difficultés financières. Rappelons qu'on observe deux à trois fois plus de troubles psychopathologiques (anxiété, dépression, névrose) chez les femmes issues de milieux défavorisés et que les deux groupes d'âge les plus touchés sont les adolescentes et les femmes âgées, dans des proportions de 48 % et 45 %[19]. Les femmes souffrent d'un manque de pouvoir et de contrôle sur leur vie, du stress engendré par les responsabilités familiales (qu'elles sont si souvent seules à assumer). Parmi les facteurs psychosociaux, on ne saurait taire l'effet de nombreuses formes de violence subies[20]. De plus, dans cette période troublée et… troublante, leur bilan de vie confronte souvent les femmes à une dure réalité : que leur reste-t-il après avoir tant donné aux autres ? Cette angoisse, conjuguée aux changements physiologiques qui commencent à se faire sentir et à se faire voir, se vit souvent au moment où les enfants quittent le domicile. La façon dont les femmes vivent ces bouleversements aura une incidence sur leur qualité de vie future, dans ce deuxième versant de leur existence, soit les nombreuses années qu'elles vivront comme femmes ménopausées…

On commence à comprendre que cette « crise de l'estime de soi » peut se traduire ou se manifester sous forme de dépression, allant dans certains cas jusqu'aux idées suicidaires et aux tentatives de suicide. Toujours selon l'enquête Santé-Québec, 7 femmes âgées de 45 à 64 ans sur 1 000 auraient fait une tentative de suicide au cours de l'année 1987, comparativement à 3 hommes sur 1 000. Pour le groupe d'âge des 65 ans et plus, les chiffres sont de 6/1 000 chez les femmes et de 4/1 000 chez les hommes.

Avec l'avancement en âge, et compte tenu de leur longévité, les femmes sont susceptibles de vivre plusieurs événements stressants qui affectent leur santé psychologique : les plus déterminants sur la santé mentale sont la présence d'un malade au foyer, la maladie grave et le décès du conjoint ou d'un proche. Selon les chiffres obtenus dans l'enquête Santé-Québec, la maladie d'un proche, souvent du conjoint ou de la mère, touche davantage les femmes et les affecterait encore plus que leur propre état de santé. La lourdeur de la tâche de soutien n'est pas étrangère aux problèmes de santé vécus par ces nombreuses femmes, aidantes naturelles. Nous reviendrons sur cette question dans le prochain chapitre sur les nouvelles responsabilités familiales.

• *L'ostéoporose et les chutes à domicile*

L'ostéoporose constitue l'ennemi numéro un des femmes ménopausées et affecte particulièrement celles qui sont âgées de 65 ans et plus. Cette maladie reliée à la perte de la masse osseuse fait en sorte que les os deviennent poreux et risquent de se casser facilement. Les femmes atteintes développent une crainte de chuter, de tomber, au point de ne plus oser sortir de chez elles. Si elle augmente les risques de fracture, l'ostéoporose entraîne aussi des problèmes de posture et des douleurs intenses. Elle devient ainsi une maladie déformante qui affecte l'image corporelle. Une femme de plus de 50 ans sur quatre et une femme de 70 ans sur deux en sont atteintes[21].

L'ostéoporose est difficile à dépister de façon précoce. C'est souvent à la suite d'une fracture ou par certaines déformations de la posture (dos voûté, affaissement au niveau de la taille) que l'on décèle sa présence. Les principales causes de la maladie sont la diminution du taux d'œstrogène, des carences alimentaires (surtout en ce qui a trait à l'apport de calcium) et un mode de vie sédentaire – manque d'exercice physique, etc. L'hérédité est un facteur de risque. On sait également que les femmes de petite taille, surtout les blondes, sont plus sujettes à développer la maladie. On considère maintenant que la caféine consommée en quantité importante est aussi un facteur de risque[22]. La meilleure façon de prévenir l'ostéoporose, c'est de prendre du calcium en quantité suffisante dès la trentaine. L'apport de la vitamine D – soleil et lait enrichi – est essentiel à l'absorption du calcium et l'exercice favorise la minéralisation des os. À ceci s'ajoutent bien sûr plusieurs habitudes alimentaires qui peuvent faciliter ou entraver l'absorption du calcium. Considérant la prévalence de la maladie et ses conséquences sur la vie des femmes âgées, les mesures de prévention apparaissent fort timides et les campagnes de sensibilisation, peu retentissantes.

Les chutes à domicile sont souvent associées à l'ostéoporose. De par les tâches domestiques qu'elles effectuent, les femmes âgées de plus de 60 ans sont particulièrement enclines aux chutes, d'autant plus qu'elles n'adaptent pas leur environnement, leur logis en conséquence. Or ces chutes entraînent des blessures graves : une femme sur quatre après 60 ans subira une fracture de la hanche ou de l'avant-bras engendrant une hospitalisation, une perte d'autonomie due à une convalescence longue et difficile et, dans 15 à 20 % des cas, un décès[23].

En termes de prévention, les mesures peuvent à la fois porter sur les comportements à risque des femmes et sur la modification de leur environnement immédiat (fixer tapis et moquettes, libérer les escaliers, laisser de la lumière et installer des barres d'appui dans la salle de bain, ranger les ustensiles et appareils à portée de la main, etc.). Le plus grand obstacle à la lutte contre les chutes à domicile c'est qu'on banalise ce problème féminin qui n'a pas le caractère spectaculaire d'une crise cardiaque. Il coûte pourtant bien cher en termes de journées d'hospitalisation et d'incapacité. Devant l'ampleur de l'ostéoporose et du nombre de fractures qui y sont associées, l'hormonothérapie (la prise d'hormones) suscite un intérêt certain à titre de mesure préventive. Nous y reviendrons.

• *Le cancer du sein*

Vivre avec un cancer du sein, c'est vivre avec une épée de Damoclès au-dessus de la tête, on craint constamment une rechute.

Le cancer du sein est le principal type de cancer chez les femmes, après le cancer de la peau. En 1993, on en a diagnostiqué au Canada 16 300 nouveaux cas, dont 67 % concernaient des femmes de plus de 55 ans[24]. Le nombre de décès pour la même année est évalué à 5 400. Selon les données actuelles, une femme sur neuf peut s'attendre à souffrir d'un cancer du sein au cours de sa vie. Bien que le taux de survie au cancer du sein dépasse celui des autres cancers, il dépend du dépistage précoce. Or le diagnostic est parfois erroné, souvent tardif et la tumeur a eu le temps de se développer.

> Les interviews réalisées auprès des spécialistes permettent de constater que de nombreux médecins sont incapables de reconnaître les symptômes du cancer du sein, que les techniciens sont incapables d'analyser les résultats des divers tests et que certains mammographes périmés donnent des lectures erronées[25].

L'incidence du cancer du sein dans notre société est parmi les plus élevées au monde et ce, malgré les programmes de dépistage chez les femmes de 50 à 69 ans qui sont les plus à risque. Mal connu, mal diagnostiqué, le cancer du sein met en question l'attitude des médecins face à cette maladie de femme.

Au fil des ans, la chirurgie est devenue moins radicale ; l'ablation totale du sein a chuté de façon spectaculaire (de 75 % à 5 % des chirurgies[26]). On pratique maintenant des mastectomies partielles et l'excision des tumeurs en les combinant avec des traitements de chimiothérapie. Si l'impact sur l'image corporelle est moins brutal, une équipe de recherche de l'Université Laval n'en a pas moins constaté une détresse psychologique intense chez les femmes atteintes : ce n'est pas tant la perte du sein qui les affecte mais l'angoisse de la maladie[27].

Si le cancer du sein est un fléau, nous ne pouvons passer sous silence la forte augmentation du cancer du poumon chez les femmes alors qu'il est en régression chez les hommes ; il est d'ailleurs connu que ce sont davantage les hommes qui ont renoncé au tabagisme. Le nombre de décès reliés au cancer du poumon chez les femmes tend à rejoindre et même à dépasser celui du cancer du sein.

• *La malnutrition (l'obésité)*

Combien d'heures à planifier et à préparer les repas a dû consacrer une femme qui a aujourd'hui 75 ans et qui a élevé une famille de huit enfants ? Trois repas par jour, pour une tablée d'au moins dix personnes par repas, sans partage de tâches (sauf s'il y avait des filles parmi les aînés), c'est assez pour ne plus manger que de la soupe et des *beans* en conserve ! Ajoutez à cela la solitude et une situation économique précaire, et tous les ingrédients sont réunis pour entretenir des problèmes de malnutrition.

Ce type de problème se traduit souvent par l'obésité, qui est un facteur de risque élevé pour les maladies coronariennes et le diabète. Les femmes âgées de 45 à 64 ans, particulièrement celles de 60 à 64 ans, sont deux fois plus touchées par l'obésité que les hommes, à raison d'une femme sur quatre. Le pourcentage d'obésité est aussi très élevé chez les femmes de 65 ans et plus, soit 13,8 %[28]. Ces données portent spécifiquement sur l'obésité, laquelle a une grande incidence sur la santé et la qualité de vie, elles ne tiennent pas compte du simple excès de poids[29].

Il faut encore une fois associer l'obésité à la pauvreté, aux conditions de vie précaires : les femmes issues de milieu défavorisé ont un taux d'obésité deux fois supérieur aux mieux nanties.

Le profil se dessine de façon plus marquée : femmes âgées de plus de 60 ans, seules, pauvres, plus souvent obèses et malades et présentant conséquemment un niveau de détresse psychologique plus élevé... La lectrice, le lecteur, pourra se surprendre que nous n'ayons pas traité des deux principaux problèmes de santé déclarés par les femmes : l'arthrite et le rhumatisme, et les maux de tête. Nous avons délibérément choisi d'aborder des problèmes typiquement féminins qui appellent une analyse différente et plus engageante qui va au-delà des aspects physiologiques. C'est un peu la même approche que nous utiliserons pour aborder la ménopause et les mythes qui l'entourent.

MÉNOPAUSE, HORMONOTHÉRAPIE ET SEXUALITÉ

On ne peut parler de condition féminine et de vieillissement sans parler de la ménopause et ce, même si à 50 ans (âge moyen de la ménopause), on se sent loin de la catégorie des « femmes âgées ». En fait, avec l'espérance de vie actuelle des femmes, ce sont trente années de vie qui s'ouvrent devant nous à partir de la ménopause. Il s'agit là d'une toute nouvelle réalité : les femmes n'auront jamais vécu si longtemps ménopausées.

Dans ce contexte, les mythes et les perceptions entourant la ménopause revêtent un sens particulier.

> Car il y a toujours un mythe de la ménopause, comparable, sinon plus redoutable encore que la mythologie des règles et si les femmes sont seules à en subir les conséquences, elles ne sont pas seules à l'avoir construit[30].

Les préjugés alimentent de nombreuses questions. La ménopause, est-ce un changement d'ordre physique ou psychologique ? Qu'en est-il de l'hormonothérapie ? Est-ce qu'à trente-cinq années d'absorption d'anovulants, de contraceptifs oraux, peuvent succéder trente années d'absorption d'hormones de remplacement ? Avec les risques d'ostéoporose qui accompagnent la baisse du taux d'œstrogène, la ménopause prolongée préoccupe le monde médical. Elle préoccupe en fait bien du monde, chacun campé dans son école de pensée...

Il y a d'abord la médecine traditionnelle qui, par son approche biomédicale, étudie la ménopause en termes de carences hormonales. La psychologie, quant à elle, s'intéresse non pas aux pertes d'hormones mais aux pertes de caractéristiques féminines : perte de fécondité, perte du rôle de mère avec le départ des enfants – syndrome du « nid vide », etc. Enfin, vient s'ajouter un regard sociologique qui tend à démontrer que la façon de vivre sa ménopause est étroitement associée à la culture environnante et aux préjugés à l'égard des femmes.

Au-delà des théories, au-delà de la mythologie, il y a les femmes qui vivent leur ménopause. Et quand un jour l'humoriste Clémence DesRochers s'est écriée «J'ai chaud», des milliers de femmes de 45 à 55 ans ont eu une bouffée de fraîcheur!

La ménopause : le « retour d'âge »

La ménopause signifie l'arrêt des menstruations, c'en est d'ailleurs le symptôme le plus évident. Il faudrait plus justement parler d'irrégularité des menstruations et de diminution du flux menstruel. Ce processus physiologique normal s'échelonne sur plusieurs années, 10, 15 et même parfois 20 ans. Les spécialistes distinguent la préménopause, la ménopause (coïncidant avec l'arrêt des menstruations) et la postménopause[31]. On estime à environ 10 % le nombre de femmes de moins de 45 ans qui vivent une ménopause précoce à la suite d'un accident, d'un choc ou d'une intervention chirurgicale.

Dans le processus de ménopause, l'arrêt des menstruations est causé par une diminution de la fonction ovarienne. La baisse du taux d'œstrogène est l'élément le plus important auquel l'organisme doit s'adapter. Il s'accompagne de transpirations et de bouffées de chaleur, sources d'inconfort, il entraîne de façon permanente une atrophie des glandes mammaires. C'est à cette perte de tonicité des muscles que fait référence l'expression «seins cantants» chez les femmes de 50 ans. (Il en est toujours un pour lancer la blague au 50e anniversaire de naissance!)

Autres conséquences de la réduction de la production hormonale, l'utérus et les ovaires rétrécissent et le vagin tend à perdre de ses sécrétions et de son acidité protectrice naturelle. Plusieurs femmes ménopausées sont davantage sujettes aux infections. Quant à la lubrification du vagin, d'excellentes crèmes vendues en pharmacie peuvent faciliter les relations sexuelles lorsque la sécheresse incommode, à tout âge d'ailleurs.

Parallèlement, différentes manifestations physiologiques et psychologiques apparaissent : migraines, insomnies, picotements aux mains et aux pieds, impression de grande lassitude, manque d'entrain face au quotidien, épaississement au niveau du ventre et des hanches, etc. Toutes les femmes ne ressentent pas tous ces symptômes en même temps, heureusement ! La plupart n'ont pas recours à une aide spécialisée ni au médecin, lequel d'ailleurs les déçoit souvent par son attitude et ses connaissances dépassées au sujet de la ménopause. Plusieurs femmes n'ont en fait même pas le temps de vivre leur ménopause... étant trop occupées par les exigences familiales.

Rose-Aimée, aujourd'hui âgée de 84 ans, nous raconte qu'elle n'avait pas le temps de s'occuper de ses symptômes, avec sa famille, son travail et son conjoint qui était hospitalisé au même moment. Elle précise que, lorsqu'elle a été ménopausée, elle n'en parlait pas, sauf entre femmes, avec quelques amies, chacune y allant de son truc pour atténuer les bouffées de chaleur.

Pour plusieurs femmes que j'ai rencontrées, le souvenir de leur ménopause c'est une grossesse non désirée. Qu'elles aient opté pour un avortement dans des conditions souvent inconcevables ou décidé de mener à terme cette grossesse à quarante quelques années, les conséquences se sont fait sentir pendant des années. Il est crucial durant cette période d'être plus vigilante par rapport à la contraception et ce, jusqu'à douze mois après l'arrêt des menstruations.

Outre les aspects physiologiques de la ménopause, il y a aussi toute une dimension psychologique et sociale qui entoure cette période de vie et qui en fait une sorte de mythe. Quelle femme ménopausée n'a pas été victime de préjugés à la moindre saute d'humeur, au moindre signe d'agressivité et d'anxiété : « Faut pas s'en faire, c'est son retour d'âge ! », « ce sont ses hormones ! ».

La ménopause et le mitan de la vie coïncident avec plusieurs événements qui marquent de façon différente chaque personne : les enfants quittent la maison, alors que d'autres reviennent à cause du contexte économique, le couple doit se redéfinir et est à bout de souffle. En pleine remise en question personnelle, la femme entrevoit un retour sur le marché du travail ou aux études, elle veut se réorienter, envisage le bénévolat et fait un bilan de ses réussites et de ses échecs.

Claire se rappelle cette période tourmentée où elle tentait d'exprimer ses sentiments. Alors qu'elle ne parlait presque jamais, voilà que plus rien ne passait sous silence ! Son conjoint, ses enfants ne la reconnaissaient plus : « Voyons, maman, qu'est-ce que t'as tout à coup, t'es bien émotive », lui disaient-ils. Elle n'en pouvait plus d'être au service de tout le monde comme si ça allait de soi. Jamais de reconnaissance. « Je ne pouvais plus entendre mon mari me dire, Minou, irais-tu me chercher... ! Ça faisait vingt-cinq ans que je m'occupais des besoins de tous et chacun et pas des miens... »

Ce temps des bilans est souvent douloureux, et si les femmes ressentent un besoin de s'affirmer, elles ont aussi eu une tendance très forte à se culpabiliser et à se dévaloriser[32]. Plusieurs, après avoir consacré des années de travail à la maison, doutent de leurs capacités et de leurs potentialités.

Étant la plus jeune de la famille, j'ai vécu, alors que mes sœurs avaient quitté la maison, le choc, voire « le petit drame » causé par la décision de ma mère (alors âgée d'environ 44 ans) de retourner sur le marché du travail – d'abord à temps partiel puis à temps plein. En pleine adolescence, je me rappelle les pressions que j'ai exercées alors que je devais préparer les légumes du souper en revenant de l'école. Et que dire des réactions et arguments de mon père ! Aux objections financières (c'était, bien sûr, pour lui coûter plus cher d'impôt que ça rapporterait !)

s'ajoutaient celles relatives à l'organisation quotidienne et à la disponibilité de ma mère. Comme bien des femmes de sa génération, les féministes de cœur et de terrain, ma mère a tenu son bout. Mon père a vu ma mère s'affirmer, se réaliser et aussi s'épanouir à l'extérieur du foyer et il a pour la première fois de sa vie repassé ses chemises...

Et comme plusieurs filles de ma génération, j'ai contesté ma mère et, par son exemple intégré ensuite mes plus profondes et véritables valeurs féministes.

À ces témoignages se greffent d'autres expériences, plus marginales toutefois, de troubles psychologiques et de difficultés marquées. Mais quelle est la part de ces problèmes (dépression, psychoses, etc.) attribuable à la ménopause? Si les femmes identifient plus fréquemment des symptômes d'irritabilité, de fatigue, d'insomnie, de dépression ou des problèmes psychologiques à cette période de vie, ces symptômes ne sont pas pour autant dus aux changements normaux qu'entraîne la ménopause. Cette association dépression-ménopause est encore très répandue dans la population et plusieurs femmes nous ont exprimé les craintes qu'elles avaient de « perdre la tête », de « perdre le contrôle » au moment de leur ménopause.

Des études comparatives menées par Pauline Bart et l'analyse des dossiers médicaux de 500 femmes d'âge moyen hospitalisées pour dépression ont permis de constater que certaines personnes sont plus à risque. Il s'agit de femmes dont les préoccupations sont presque exclusivement tournées vers leurs enfants et/ou vers leur mari. Les femmes au foyer et qui ont un tempérament surprotecteur – donc plus centrées sur le rôle de mère – seraient plus vulnérables au départ des enfants. Quant à celles qui sont centrées sur leur rôle d'épouse, sur le charme et l'apparence physique, elles seraient plus vulnérables au processus du vieillissement[33].

Ces deux profils psychologiques nous renvoient au syndrome du « nid vide », et au « complexe de Pénélope » dont parlait Simone de Beauvoir. Le processus irréversible du vieillissement bouleverse beaucoup plus la femme qui s'est oubliée, dévouée, sacrifiée[34].

De telles caractéristiques correspondent moins au profil des femmes de 45 ans aujourd'hui, qu'on ne peut plus définir seulement par leur rôle de mère et d'épouse. Pourtant, elles constituent toujours la catégorie d'âge (45-64 ans) la plus touchée par les problèmes de santé mentale et de dépression. Des conditions de vie souvent précaires les affectent encore très durement et la place qu'occupent les responsabilités familiales demeure déterminante.

Il faut donc insister sur le fait que, pour plusieurs femmes âgées, cette période troublée a été un moteur de changement, d'un certain tournant dans leur vie. La ménopause (de la préménopause à la postménopause) devient l'occasion de se prendre en main tant au niveau de son mode de vie que de sa santé. Plusieurs des femmes que j'ai rencontrées ont pris conscience de façon plus évidente de leur vieillissement et ont manifesté de l'intérêt pour une meilleure alimentation et les médecines douces. L'hormonothérapie était un de leurs principaux sujets d'intérêt et de questionnement.

L'hormonothérapie de substitution

Les femmes sont en général à la merci des informations données par leur médecin et diffusées par les médias en ce qui a trait à la ménopause. En matière d'hormonothérapie, on peut presque parler de désinformation. Selon l'attitude ou l'idéologie des individus, le recours aux hormones sera vivement recommandé, conseillé avec réserves ou carrément déconseillé !

Le point de vue médical dominant concernant l'hormono-thérapie est de recommander ce traitement pour les femmes dont les symptômes associés à la ménopause sont très aigus, limitant leurs activités quotidiennes. La prise d'œstrogène, qu'on appelle « hormone du dynamisme », s'avère efficace à court terme dans le traitement des bouffées de chaleur. Outre le traitement des symptômes plus aigus, l'hormonothérapie est un moyen de prévenir l'ostéoporose – tout particulièrement – et les maladies cardiovasculaires[35].

Cette opinion favorable, qui fait consensus chez les médecins spécialistes, milite en faveur d'une approche préventive à moyen et à long termes par l'hormonothérapie, particulièrement pour les femmes qui font partie de certains groupes à risque. L'Association des obstétriciens et gynécologues du Québec déposait, en juin 1994, un rapport au sujet de l'hormonothérapie, rédigé sous la direction du Dr Fugère, recommandant ce traitement pour la majorité des femmes (sauf celles qui sont atteintes de cancer). On a longtemps attribué à l'œstrogénothérapie l'augmentation des risques de cancer, et des études épidémiologiques ont démontré cette corrélation[36]. Or, depuis l'ajout de progestérone (sauf pour celles qui ont eu une hystérectomie) et la diminution radicale des doses d'œstrogène, l'hormonothérapie n'augmente plus les risques de cancer. L'œstrogène est administré par voie orale ou transdermique (*patch* sur la peau) en dose minime se rapprochant de la production hormonale normale des ovaires. L'usage du disque autocollant sur la peau convient particulièrement aux femmes qui ont des problèmes de foie ; toutefois, on connaît peu les effets à long terme de cette forme d'absorption.

Les cycles et les modes d'administration de l'œstrogène et de la progestérone varient selon les différentes thérapies hor-monales. Il y a bien sûr des ajustements nécessaires et quelques effets secondaires indésirables dont de légers saignements. D'ailleurs des femmes refusent parfois les traitement à cause de ces saignements. Cet effet secondaire est souvent banalisé et minimisé par les médecins, ce qui témoigne d'un manque de compréhension de la réalité féminine. Trente-cinq ans de menstruations, douze mois par année à raison de quatre jours par mois environ, ça fait 1 620 jours de saignements à son actif !

Les dosages maintenant plus équilibrés de progestérone et d'œstrogène font de l'hormonothérapie un outil à la disposition des femmes pour diminuer les malaises associés à la ménopause et pour diminuer les risques d'ostéoporose et de maladies cardiaques. Mais l'hormonothérapie ne convient pas pour autant à toutes : au total, plus de la moitié des femmes (60 %) ne recourent pas à l'hormonothérapie pour diverses raisons. D'une part, elle est contre-indiquée pour les femmes atteintes de cancer et, d'autre part, nombreuses sont celles qui refusent cette approche de la ménopause[37].

Les groupes de femmes et les CLSC qui offrent des ateliers sur la ménopause présentent aussi d'autres options. L'exercice physique, une bonne alimentation et la pratique de la relaxation constituent des moyens préventifs à privilégier. Plusieurs femmes choisissent l'approche naturelle, certaines expérimentent avec plus ou moins de succès les médecines douces pour pallier les inconvénients dus à la ménopause[38]. La vitamine E et les algues marines, le ginseng, certaines herbes médicinales (sauge, hysope, cyprès et camomille) diminuent les bouffées de chaleur et procurent un soulagement qui convient à beaucoup de femmes.

En fait, c'est une question de choix et de valeurs qui appartient à chaque femme. Mais, devant les ravages de l'ostéoporose, l'hormonothérapie de substitution constitue une avenue préventive à envisager. Henri Rozenbaum conclut dans son ouvrage sur la ménopause : « La substitution hormonale de la ménopause constitue un des actes de médecine préventive les plus efficaces de l'époque moderne. Pourquoi ne pas vivre son temps et améliorer notre futur[39] ? » Les femmes qui suivent une thérapie hormonale dans de bonnes conditions manifestent en général beaucoup de satisfaction, voire de l'enthousiasme. Elles disent se sentir bien dans leur peau, énergiques, pleines d'entrain. On observe d'ailleurs cette attitude aussi chez les femmes qui surveillent leur alimentation (surtout l'apport en calcium) et font de l'activité physique de façon régulière.

Revenons à l'histoire de Rose-Aimée qui, comme beaucoup de femmes dans la quarantaine et la cinquantaine, n'a pas vraiment eu le temps de « vivre » sa ménopause. C'est plus tard que des problèmes ont commencé à se faire sentir : arthrite dans le cou, mains engourdies, un manque d'énergie et une tendance dépressive. Après trois mois d'hormonothérapie conseillée par son médecin, elle se sentait à nouveau énergique et moins souffrante. À 84 ans, elle vit seule aujourd'hui dans un petit appartement où il y a une piscine dont elle profite tous les jours. Heureuse et épanouie, elle nous confie son secret : « Je suis en forme pour mon âge, autonome et lucide. Il faut s'occuper l'esprit et bouger pour ne pas ankyloser. Les femmes ont tout à gagner avec l'hormonothérapie si c'est possible. Ça aide à passer une vieillesse plus sereine. »

Si de plus en plus de médecins prescrivent l'hormonothérapie à leurs patientes, surtout à celles qui ont de graves symptômes à la ménopause ou présentent de sérieux risques d'ostéoporose, l'information sur les effets à long terme reste tout de même parcellaire et souvent contradictoire. Ainsi, l'administration d'œstrogène constituerait un facteur de risque, surtout si la dose est trop forte et la durée du traitement est supérieure à dix ans. Si certaines femmes cessent l'hormonothérapie après une dizaine d'années, d'autres considèrent que ses bienfaits dépassent largement les risques à long terme (s'il y en a) d'être atteintes d'un cancer du sein. L'évaluation des risques et des bienfaits appartient à chacune en autant qu'elle ait en main les données pour prendre une décision éclairée.

La sexualité... libérée ?

La ménopause c'est aussi la libération des contraintes du cycle menstruel... Pour les jeunes ménopausées et les jeunes retraitées c'est la fin des choix tordus en matière de contraception. (Encore un exemple d'ailleurs du manque d'intérêt à l'égard de la recherche sur la santé des femmes !) Pour les plus âgées, c'est la fin de la menace de grossesse à chaque relation sexuelle.

Madame Laure me confiait ce que l'absence de contraception pouvait signifier pour ces femmes qui, comme elle, ont eu dix, douze, quatorze enfants. «Chaque soir où je voyais que mon mari, un ben bon gars quand même, en voulait, la peur me prenait. Je voyais le berceau qui se balançait au-dessus de ma tête. Des fois, je venais juste d'accoucher. C'est pas que j'aimais pas mon mari, mais c'est assez pour couper le goût à n'importe quelle femme. Le désir, le plaisir... on pouvait pas connaître ça. Mais plus tard, je me suis repris, on a eu quelques années avant qu'il parte ! J'ai envié les jeunes d'avoir la pilule. »

Par cette libération de la capacité d'enfanter, que certains associent à la perte d'identité féminine et à la peur de vieillir, la sexualité des femmes n'est vouée dorénavant qu'au plaisir. Ceci ne garantit pas pour autant une sexualité libérée. Les principales limites à l'activité sexuelle des femmes restent toujours le manque de partenaires et les préjugés ou tabous sociaux.

Même si, à cause de la baisse d'œstrogène, la lubrification vaginale se fait plus lentement chez la femme âgée et l'expansion du vagin est moindre (ce que plusieurs corrigent avec une crème lubrifiante ou de la vitamine E), les femmes conservent leur capacité d'orgasmes multiples[40]. Ce qui semble les indisposer davantage c'est le peu de temps et d'ouverture de leur compagnon pour échanger et s'adapter à ces changements physiques. Leur vie sexuelle manque souvent de caresses, de regards, d'étreintes, de rêves et de fantasmes. Le partenaire, dont l'érection se développe plus lentement, est souvent porté à croire que sa femme ne le séduit plus. Il y a en la matière un manque flagrant de connaissances[41] car, contre tous les préjugés et bien que la sexualité féminine soit sujette à plusieurs variables, la libido devrait théoriquement augmenter à la ménopause et se maintenir au cours des années.

Puisque la libido des hommes vieillissants ne bénéficie pas des mêmes avantages, les femmes ménopausées devraient choisir des partenaires plus jeunes... considérant leur vitalité, elles en profiteraient plus longtemps. Blague à part, la santé sexuelle reste une composante essentielle de la santé globale. Elle ne se mesure pas à la fréquence ni à la performance lors des relations sexuelles mais à l'estime de soi qu'elles procurent. Les femmes âgées de toutes les générations, de 60, 70 ou 80 ans qui ont une vie sexuelle active semblent plus satisfaites de leur vie, de leur apparence physique et de leurs relations affectives.

Maintenant en union libre, Béatrice avoue qu'elle ne peut pas toujours combler ses besoins affectifs. Il y a des jours où l'on n'est pas en forme, « l'arthrite se fait sentir ou la pression fait des siennes... à ce moment-là, on est plus irritable, on oublie le sexe, les caresses. On va préférer une accolade (...). Si mon homme me quittait, je m'arrangerais pour avoir un autre amoureux. J'ai besoin de cela pour vivre. C'est un stimulant, comme un bon café, vous ne trouvez pas ? »

Parmi les femmes âgées divorcées, séparées ou veuves, certaines sont ouvertes aux aventures et aux unions libres (le sida ne fait pas partie de leurs préoccupations), mais plusieurs se refusent à un autre amour. Beaucoup par fidélité à leur ex-conjoint, et par peur de vivre à nouveau la maladie et le deuil...

« Je ne veux pas trahir la mémoire de mon mari. Il a été le seul homme de ma vie. »

« Je ne veux surtout pas affronter un autre décès. »

« Je peux très bien me passer d'un homme. Je connais beaucoup de femmes dans ma situation et elles ne s'en portent pas trop mal. »

Le témoignage de Françoise, 70 ans, est particulièrement révélateur. Divorcée depuis dix ans, elle n'a jamais accepté le départ de son conjoint et éprouve une grande culpabilité : « Je refuse toujours le divorce, je ne dis jamais que je suis divorcée mais veuve, ça passe mieux à mes yeux. » Elle ajoute : « Je suis très croyante et pour moi le mariage c'est pour la vie. Même si je suis divorcée au sens de la loi, dans mon cœur j'aimerai toujours mon mari […]. Mon lit est toujours froid la nuit. »

Pour une grande proportion de femmes âgées, vieillir c'est vivre plusieurs années avec un manque de tendresse, de présence chaleureuse et de sexualité partagée... même maladroitement. Il y a aussi celles qui deviennent amoureuses après plusieurs années de solitude : elles optent pour diverses formules de vie à deux : cohabitation à temps plein, à temps partiel la fin de semaine ou durant la semaine, ou encore aucune cohabitation. Les couples reconstitués sont multiformes, comme les nouvelles familles, plus jeunes.

Cécile cohabite depuis trois ans avec son amoureux. Elle a éprouvé beaucoup de culpabilité au début face à la désapprobation de ses enfants. Soulignons que la réaction des enfants de son conjoint était très favorable. D'ailleurs, elle a réglé la question du patrimoine avec les enfants et est maintenant très heureuse et libérée de ce poids. Cécile dit se sentir comblée, elle apprécie les moments d'intimité, de tendresse et les rapports sexuels qui lui ont manqué si longtemps. « Moi, je suis pour l'activité sexuelle, cela me permet de demeurer en forme et de garder mon équilibre. Les gens sont remplis d'idées fausses sur les femmes âgées et le sexe. Ils pensent qu'après 55,

60 ans on n'a plus rien à offrir et à donner. On garde un intérêt pour faire l'amour, ça prend juste plus de temps. »

Justement, du temps, à la retraite, ce n'est pas ça qui manque.

SOINS ET SYSTÈME DE SANTÉ

Dans notre société, la vie des femmes est largement marquée par l'intervention médicale (contraception, accouchements, maladies des enfants, etc.). Il y a une relation étroite mais aussi complexe et ambiguë entre les femmes, surtout âgées, et le corps médical, encore composé majoritairement d'hommes.

Par contre, la croyance populaire faisant des aînées des surconsommatrices de services et de soins de santé paraît abusive. Nous devons faire ici des distinctions entre la consultation, l'hospitalisation et l'hébergement des hommes et des femmes de 65 ans et plus, pour ainsi attaquer certains vieux préjugés.

Là où la réalité dépasse le mythe, c'est au chapitre de la surmédicamentation des femmes, surtout au niveau de la consommation des psychotropes. Pourquoi les femmes font-elles une surconsommation de ce type de médicament ? Quels sont leurs motifs ? Et pourquoi les médecins les prescrivent-ils de façon aussi massive à leurs patientes âgées ? Cette épineuse question n'est pas nouvelle, mais il faut sans cesse la formuler pour ne pas l'oublier, pour ne pas faire en sorte que ce soit dans l'ordre des choses que les « vieilles » prennent des tranquillisants.

Le mythe de la surconsommation de services

La proportion des gens qui consultent un professionnel pour leur santé augmente avec l'âge. Selon l'enquête Santé-Québec, cette augmentation atteint une proportion de 60 % chez les citoyens âgés de 75 ans et plus ayant consulté un médecin au cours des quatre mois précédant l'enquête. Il n'en reste pas moins que 40 % n'en ont pas consulté. Si les femmes de plus de 65 ans sont légèrement plus nombreuses à être allées chez leur médecin, les données de l'enquête viennent atténuer les mythes.

Le tableau 9 montre que les différences sexuelles en matière de consultation médicale sont plutôt minces chez les personnes âgées, sauf dans les cas extrêmes : 9 % des hommes de 75 ans et plus ont déclaré au moins six visites comparativement à 18 % des femmes du même âge. Cet écart reflète à nouveau la situation précaire d'un certain nombre de femmes du 4e âge, celles qui sont souvent seules, plutôt pauvres, et qui présentent un plus haut niveau de détresse psychologique. La vulnérabilité de ce groupe particulier se traduit dans tous les profils et statistiques

Tableau 9

NOMBRE DE CONSULTATIONS MÉDICALES SELON LE SEXE,
CHEZ LES 65 ET 75 ANS ET PLUS, AU QUÉBEC, EN 1987

	Nombre de consultations					
	Aucune	1	2-3	4-5	6-10	11
65-75 ans						
Hommes (%)	52	14	16	10	5	3
Femmes (%)	44	14	17	13	9	2,6
75 ans et plus						
Hommes (%)	43	17	17	17	6	3
Femmes (%)	37	16	17	13	10	8

Source : *Les Personnes âgées : Et la santé, ça va ?*, enquête Santé-Québec, p. 78-79.

mais ne devrait pas être généralisée à l'ensemble des femmes retraitées. L'impression de surconsommation, de multiplication des visites médicales influence négativement l'attitude des médecins et des professionnelles de la santé qui, déjà, accordent peu de temps à chaque patient.

Madame Doris, 80 ans, exprime clairement ce qu'elle ressent quand elle se présente à ses rendez-vous chez son médecin traitant. « J'ai confiance mais pas plus. J'ai besoin d'un médecin. Quand il voit que je veux trop parler, il prend mon manteau et s'offre à me le mettre comme pour me dire que c'est assez. Mais il est bien poli... Mon Dieu, qu'ils sont durs les docteurs, faut donc que tu parles pour en savoir juste un peu. »

Combien de femmes m'ont exprimé avoir perçu ce sentiment mal dissimulé « d'impatience », « d'ennui » à leur égard, comme si elles abusaient, prenaient la place des autres ou prenaient trop de temps.

Dans ce contexte, l'approche d'intervention mettant en priorité l'implication des bénéficiaires dans leur plan de soins apparaît plutôt théorique et idéaliste. De plus, dans un domaine hautement spécialisé et complexe, les professionnels-les de la santé doutent de la capacité de comprendre des femmes âgées, qui souvent n'ont pas plus qu'une septième année de scolarité... Leurs années d'expérience acquises à soigner les membres de leur famille n'étant pas reconnues, leur « ancienneté » n'a que des connotations péjoratives... Il y a sans contredit une grande distance culturelle entre les intervenants-es et les femmes âgées, en plus du fossé entre les générations.

Dans le cadre de l'atelier national sur « La femme dans une société vieillissante », une participante exprimait le point de vue des bénéficiaires et revendiquait le droit fondamental de faire ses choix. Ce droit de prendre ses propres décisions s'accompagne de celui de prendre des risques, si cela ne présente aucun danger pour autrui[42].

Or, lorsque survient un problème de santé plus sérieux, qui nécessite l'hospitalisation, c'est comme si le système nous prenait en charge, comme si on était dépossédé de son corps et parfois même de sa personne. Le processus s'enclenche... et il est bien difficile de garder un certain contrôle, de garder une certaine autonomie dans ses décisions. La vulnérabilité des femmes âgées malades, l'organisation des soins, le manque de formation et de sensibilisation du personnel sont autant de facteurs à considérer.

Après cette parenthèse, revenons aux corrélations entre l'âge, le sexe et la consommation des services. Une importante recherche menée à partir des fichiers de la Régie de l'assurance-maladie du Québec, portant sur deux échantillons de 5 320 et 5 333 cas est venue ébranler le mythe de la surconsommation des services de santé par les femmes âgées[43]. Selon cette étude, si les femmes consultent un peu plus les médecins, et ce à tout âge, l'augmentation des visites médicales avec le vieillissement est encore plus significative chez les hommes. Or la croyance populaire sous-estime la consommation des services de santé par les hommes âgés.

Quant à l'hospitalisation, les auteurs ont démontré que, si elle n'est pas associée à l'âge chez les femmes, cette association est très forte chez les hommes : le taux d'hospitalisation des hommes de 65 ans et plus dépasse celui des femmes du même groupe d'âge. Ainsi, si les femmes âgées consultent un peu plus souvent les médecins, les hommes sont davantage hospitalisés. L'espérance de vie des hommes et le type de problèmes de santé qui les affectent pourraient expliquer leur recours aux services hospitaliers à partir de l'âge de 65 ans : l'approche de la mort accentue l'utilisation des services et entraîne des séjours à l'hôpital[44].

Nous parlons ici d'hospitalisation de courte durée, car les soins de longue durée sont accaparés par les femmes. L'hébergement en institution est un monde de femmes ; on n'a qu'à visiter un centre d'accueil pour s'en rendre compte. Le séjour moyen à l'hôpital est plus long pour les femmes ; ceci est dû au manque d'aide et d'assistance au sortir de l'hôpital et au phénomène du « dumping » (l'abandon par la famille).

Le cas des tranquillisants

Nous avons voulu dans la section précédente sensibiliser la lectrice et le lecteur à la dynamique des rapports existant entre les femmes âgées et les services de santé. Nous souhaitons maintenant nous pencher un peu plus sur la problématique de la prescription et de la consommation de médicaments.

Précisons d'abord que la réputation qui fait des vieilles dames des « preneuses de pilules » en quantité industrielle mérite quelques nuances. Le tableau 10 indique le nombre de médicaments consommés par les hommes et les femmes de 65 ans et plus, tel que déclaré dans l'enquête Santé-Québec. La majorité des personnes âgées de 65 ans et plus (64,5 %), hommes et femmes, prennent de un à trois médicaments. Les différences sexuelles se révèlent dans les consommations plus nombreuses : il y aurait deux fois plus de femmes que d'hommes utilisant quatre médicaments et plus (soit 11 % des femmes de 65-75 ans et 13 % de celles âgées de 75 ans et plus).

Madame G. dit visiter son médecin une à deux fois par mois quand elle se sent plus nerveuse ou qu'elle n'a plus d'Ativan. Comme bien des femmes de sa génération (elle est octogénaire), elle désigne ses pilules par leur couleur et leur forme : « la petite rose, la blanche ovale ». La liste de ses médicaments révèle une consommation de treize pilules par jour, surtout des vitamines et des Ativan, de toutes sortes.

Tableau 10				
NOMBRE DE MÉDICAMENTS CONSOMMÉS, SELON LE SEXE, CHEZ LES 65 ANS ET PLUS, AU QUÉBEC, EN 1987				
Âge	**Sexe**	**Nombre de médicaments**		
		0	**1-3**	**4 +**
65-74 ans	Hommes	35 %	61 %	5 %
	Femmes	27 %	63 %	11 %
75 ans +				
	Hommes	30 %	64 %	6 %
	Femmes	17 %	70 %	13 %

Source: *Les Personnes âgées : Et la santé, ça va ?*, enquête Santé-Québec, p. 75.

Madame J., 85 ans, vit seule elle aussi. Elle dit qu'en général ça va bien, à part son arthrose et sa haute pression. Elle a une hanche qui la fait souffrir, à la suite d'une bursite à l'âge de 74 ans. Ils n'ont pas voulu l'opérer à cause de son âge, dit-elle. Elle affirme connaître plusieurs femmes qui prennent trop de médicaments et parle de ses pilules qu'elle ne prend presque plus... (Le tour de sa pharmacie révèle une consommation de neuf pilules par jour.) Au sujet des Serax, « pour éviter la dépression », elle dit qu'elle n'en prend pas deux fois par jour, comme prescrit. Elle ajuste le dosage. « Ah ! on est bien, mais on ne se sent pas, pis on n'a pas de mémoire pantoute. On vient pour parler, on n'est plus capable. C'est ça que je n'aime pas. Mais en général, je vais bien [...]. Mais je m'inquiète pour tout le monde. Je voudrais pouvoir aider tout le monde, tu sais, même si j'ai cet âge-là, je ne me sens pas vieille. Mon cœur il veut encore, c'est juste fâchant de voir que je me fatigue plus vite qu'avant ou que je peux plus comme avant. »

Mais quels sont ces médicaments consommés par les femmes ? Peut-on établir une corrélation entre les principaux problèmes de santé affectant les aînés (arthrite, rhumatisme, hypertension) et le type de médicaments qu'ils consomment ?

Ce que le tableau 11 révèle de façon inquiétante, voire dramatique, c'est que les tranquillisants sont parmi les médicaments les plus consommés. Près d'une femme âgée sur quatre fait usage de psychotropes –les « médicaments pour les nerfs » –, et dans quel dosage ! Le comité de condition féminine de l'Association québécoise pour la défense des droits des retraités-es et pré-retraités-es (AQDR) s'est particulièrement préoccupé de cette surconsommation de tranquillisants et d'anti-dépresseurs par les femmes âgées[45]. Soulignons que ces médicaments comportent plusieurs risques et effets négatifs : une dépendance, voire une passivité au niveau du quotidien, des problèmes d'insomnie et de sommeil, une baisse de l'activité du foie et des reins, plus de risques d'intoxication, sans parler des effets sur la sexualité.

Pourquoi les femmes âgées représentent-elles une cible de choix dans la prescription de psychotropes ?, s'est demandé le comité de condition féminine de l'AQDR. *A priori*, cette pratique

---

Tableau 11

PRINCIPAUX TYPES DE MÉDICAMENTS CONSOMMÉS CHEZ LES 65 ANS ET PLUS, SELON LE SEXE, AU QUÉBEC, EN 1987

Type de médicaments	Hommes	Femmes
Médicaments pour le cœur	32,3 %	40,9 %
Vitamines	13,6 %	24,6 %
Tranquillisants	16,6 %	23,3 %
Analgésiques	13,6 %	18,8 %

Source: *Les Personnes âgées : Et la santé, ça va ?*, enquête Santé-Québec, p. 76.

surprend car les médecins sont informés des effets secondaires plus marqués chez les aînées et de l'incompatiblité de certains médicaments. On peut y voir un indice de la méconnaissance de la réalité des femmes âgées, d'un manque de sensibilité et parfois même d'un manque d'intérêt. Les médecins semblent démunis devant les problèmes vécus et exprimés par leurs patientes âgées et n'ont à peu près aucune ressource, sauf la petite pilule...

Louise Guyon, dans son ouvrage *Quand les femmes parlent de leur santé*, établit d'ailleurs un parallèle entre le pourcentage de femmes âgées qui consomment des psychotropes et qui présentent un niveau élevé de détresse psychologique. Cette corrélation confirmerait l'absence de ressources adéquates[46]. On anesthésie les douleurs, la détresse et les insécurités. Les préjugés, la formation universitaire inadéquate en ce domaine, l'organisation même du système de la santé et de l'industrie pharmaceutique sont autant de maillons à cette chaîne portée par les femmes.

Mais pourquoi les femmes font-elles de ces médicaments une consommation abusive, une mauvaise consommation? Car, en matière de médication, les auteurs B. Mishara et W. McKim soutiennent que les problèmes sont davantage reliés à l'usage qu'à la nature même de la substance[47]. Confrontées à une baisse de leurs capacités, à une image sociale négative, les femmes vieillissantes sont en proie à une certaine dévalorisation. À cela s'ajoutent les événements de la vie qui marquent la cinquantaine et la soixantaine : décès du conjoint, conditions économiques précaires, isolement. Toutes ces circonstances contribueraient à attirer les plus vulnérables d'entre elles dans le circuit de la pharmacodépendance. Devant le manque de ressources, de personnes significatives et de groupes d'aide, l'intervenant-e le plus accessible reste le médecin, et que prescrira-t-il? En fait tout le processus contribue à médicaliser les problèmes psychosociaux vécus par les femmes âgées et à entraîner leur dépendance face aux médicaments.

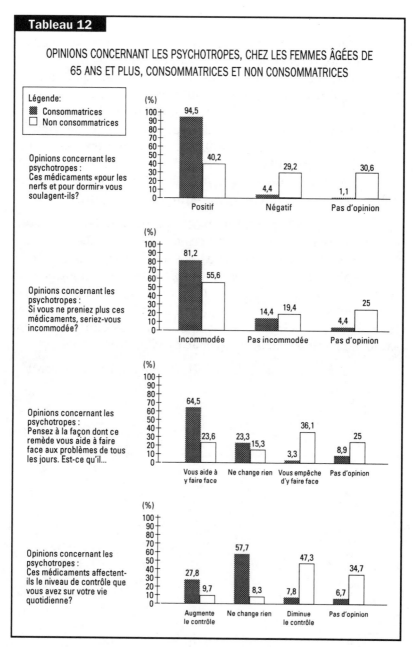

Tableau 12

OPINIONS CONCERNANT LES PSYCHOTROPES, CHEZ LES FEMMES ÂGÉES DE
65 ANS ET PLUS, CONSOMMATRICES ET NON CONSOMMATRICES

Légende:
▓ Consommatrices
☐ Non consommatrices

Opinions concernant les psychotropes : Ces médicaments «pour les nerfs et pour dormir» vous soulagent-ils?

(%)
Positif : 94,5 / 40,2
Négatif : 4,4 / 29,2
Pas d'opinion : 1,1 / 30,6

Opinions concernant les psychotropes : Si vous ne preniez plus ces médicaments, seriez-vous incommodée?

(%)
Incommodée : 81,2 / 55,6
Pas incommodée : 14,4 / 19,4
Pas d'opinion : 4,4 / 25

Opinions concernant les psychotropes : Pensez à la façon dont ce remède vous aide à faire face aux problèmes de tous les jours. Est-ce qu'il...

(%)
Vous aide à y faire face : 64,5 / 23,6
Ne change rien : 23,3 / 15,3
Vous empêche d'y faire face : 3,3 / 36,1
Pas d'opinion : 8,9 / 25

Opinions concernant les psychotropes : Ces médicaments affectent-ils le niveau de contrôle que vous avez sur votre vie quotidienne?

(%)
Augmente le contrôle : 27,8 / 9,7
Ne change rien : 57,7 / 8,3
Diminue le contrôle : 7,8 / 47,3
Pas d'opinion : 6,7 / 34,7

Source: *Le Gérontophile*, Vol. 11, n° 1, Hiver 1989

La dépendance psychologique est si forte que les consommatrices sont généralement convaincues des bienfaits de ces médicaments qui, selon elles, les aident à faire face au quotidien. C'est ce qui ressort d'une étude québécoise sur les attitudes des femmes âgées vis-à-vis des tranquillisants. Mme Guillème Pérodeau, chercheure au centre hospitalier Douglas, a comparé les opinions des consommatrices à celles de non-consommatrices ; les répondantes devaient indiquer leur niveau d'accord avec différents énoncés[48]. Le tableau 12 reproduit les divergences d'attitudes et d'opinions entre les deux groupes.

Ces résultats exposent de façon inquiétante la dépendance des femmes âgées vis-à-vis de ces médicaments. Ils les sécurisent. Plusieurs pensent qu'elles seraient incommodées si elles arrêtaient d'en consommer et combien d'autres en gardent en réserve au cas où... L'anxiété des femmes âgées, surtout celles qui vivent seules, est très grande. Et le seul «remède» qu'on ait trouvé, c'est la dépendance face aux professionnels-les de la santé – surtout les médecins – et aux psychotropes.

L'angoisse est engourdie mais les femmes perdent le contrôle sur leur vie.

Chapitre 3

LA VIEILLESSE AU FÉMININ :
SES ASPECTS PSYCHOSOCIAUX

Le présent chapitre s'intéresse, non pas au profil de santé des femmes de 65 ans et plus, mais à leur quotidien. Quels sont leurs styles de vie (car il y en a de multiples), leurs conditions de vie ? Être « vieille » au Québec signifie-t-il inévitablement vivre seule et pauvrement ? Voit-on dans les conditions socio-économiques la même démarcation qu'en matière de santé, les aînées de plus de 75 ans étant toujours beaucoup plus vulnérables ?

Et la famille ? Comment ces femmes vivent-elles leurs relations avec leur conjoint, souvent retraité et présent 24 heures sur 24, leurs enfants adultes et leurs petits-enfants ? Il nous faut replacer toute cette dynamique dans le contexte social actuel, tenir compte des responsabilités familiales toujours omniprésentes et souvent même envahissantes pour les femmes : maladie et soin des uns, gardiennage des autres, service de dépannage, etc. La famille a été, est et sera toujours au cœur de la vie des femmes. Mais là encore, l'âge vient limiter les rôles de mère et de grand-mère qui tendent à disparaître vers 75 ans et plus…

ÉTAT MATRIMONIAL ET MODE DE VIE

Dis-moi avec qui tu vis et je te dirai qui tu es... Bien sûr, le temps où les femmes se présentaient sous le nom de leur conjoint est presque révolu – Mme Paul Lebel, Mme Gilles Choinière – mais l'association entre les conditions de vie des femmes et leur statut marital n'en reste pas moins déterminante.

Toutes les femmes âgées non célibataires que j'ai rencontrées, même celles qui se retrouvaient seules, à la suite d'une séparation, d'un divorce ou d'un décès, ont avoué n'avoir jamais réellement envisagé de vieillir seules. Elles avaient entrevu une retraite à deux, en couple, avec quelques projets et voyages.

Pourtant la réalité est tout autre et les statistiques à ce sujet sont éloquentes. Près de trois femmes sur cinq âgées de 65 ans et plus sont veuves, divorcées ou célibataires (environ 60 %). Cette proportion s'élève à 80 % chez les femmes de 75 ans et plus. En conséquence, les femmes doivent envisager un mode de vie auquel elles sont peu préparées : vivre seule.

Tableau 13

ÉTAT MATRIMONIAL, SELON L'ÂGE ET LE SEXE
CHEZ LES 55 ANS ET PLUS, AU CANADA, EN 1990

Âge et sexe	État matrimonial (%)			
	Célibataires	Mariés-es[1]	Divorcés-es	Veufs-ves
55 à 59 ans				
Hommes	6,5	85,2	6,0	2,3
Femmes	5,5	76,4	7,4	10,6
60 à 64 ans				
Hommes	6,8	84,2	4,9	4,1
Femmes	5,7	70,0	5,9	18,4
65 ans et plus				
Hommes	6,7	76,6	2,9	13,8
Femmes	7,7	42,2	3,0	47,1

1. Inclut les personnes séparées.
Source : Statistique Canada, catalogue 91-210

Le veuvage

Le tableau 13 illustre à quel point l'état matrimonial des personnes âgées de 65 ans et plus diffère selon leur sexe. Près de la
moitié des femmes (47,1 %) sont veuves, comparativement à
13,8 % des hommes. Cette situation est directement reliée au
taux élevé de mortalité chez les hommes de cet âge, de même
qu'à la tendance des femmes d'épouser des hommes plus vieux.

Or, malgré cette incontournable réalité du veuvage au féminin, l'image d'une retraite à deux, en couple, persiste comme
modèle, « le deuil n'en est que plus difficile à traverser[1] ». La
perte d'un conjoint aimé est une atteinte à l'identité personnelle,
certes, mais aussi sociale. « Une partie de soi meurt avec l'autre. »
Il en résulte un désordre financier, social et affectif[2]. Que leur
conjoint soit décédé subitement lors d'un accident ou des suites
d'une longue maladie, les veuves vivent une souffrance difficile
à décrire.

> **Devenue veuve subitement, Lucille vit avec une plaie qui
> n'est pas cicatrisée. Peu après le choc, elle est hospitalisée
> d'urgence et traverse une période dépressive. Les pres-
> sions de ses proches se font de plus en plus fortes pour
> qu'elle vende sa propriété : « J'hésitais, même si je le
> voyais partout. Je pleurais, je me sentais impuissante, le
> chien aussi l'attendait à la porte. Je ne savais plus quoi
> faire, plus je pleurais, plus on me disait de vendre ma
> maison. »**

> **La vente s'est faite très rapidement, sous pression, à cause
> d'un agent immobilier sans scrupules (certains se
> spécialisent dans le harcèlement des veuves). En l'espace
> de huit mois, Lucille a perdu son compagnon de vie, sa
> résidence principale, sa résidence secondaire en Floride,
> son chien, la voiture, deux pensions (le plan de retraite de
> l'entreprise pour laquelle son mari travaillait prenait fin
> au décès de celui-ci).**

Se construire une nouvelle vie, passer du «nous» au «je», tel est le défi qui se présente à la majorité des femmes qui deviennent veuves. L'adaptation au quotidien dépendra de la qualité de leur union, du degré d'attachement au conjoint (dans certains cas, c'est plutôt une vraie libération!), des circonstances de son décès et de la personnalité de la veuve[3]. La perte du conjoint est à la fois ressentie comme une diminution de l'être, un grand vide mais aussi une occasion d'être soi-même, sans contraintes, sans pressions. Une occasion de se réaliser, de prendre sa vie en main.

Âgée de 74 ans, Claire est une très belle dame aux cheveux blancs avec un grand sourire et beaucoup de vitalité. Elle vient tout juste de prendre sa retraite. Elle a perdu son mari à 45 ans alors qu'elle avait cinq enfants d'âge scolaire ... ce qui ne lui a pas laissé le temps de s'apitoyer sur son sort. Elle vend alors la maison pour relever la compagnie de transport de son mari qui allait plutôt mal. Bien que les revenus de l'entreprise lui assurent une certaine sécurité, elle a continué à travailler comme inspecteur de marchandises jusqu'à 70 ans.

Et la solitude? Elle dit avoir une pensée pour son mari tous les soirs et trouve ennuyeux d'avoir à réchauffer son lit toute seule. Et la vie de couple? «Oh non! Je tiens trop à ma liberté.»

Tout un réseau est à rebâtir; la veuve n'appartient ni au monde des couples ni à celui du célibat. Après les funérailles, le départ des gens qui l'ont soutenue, le quotidien est brutal: solitude, peine, angoisse. Les proches sont moins présents... pensant que le temps arrangera les choses. Certaines veuves ont trouvé la deuxième année encore plus difficile à affronter. Elles se sont senties délaissées, n'osant plus «embêter les autres avec ça». Les fêtes, les anniversaires se succèdent, rappelant sans cesse l'absent.

Le veuvage entraîne plusieurs pertes, perte d'amis communs, d'activités de couple, de contacts avec la belle-famille. Des préjugés voulant que les veuves représentent une menace pour les couples persistent... «les voleuses de mari». Il y a aussi pour la majorité d'entre elles perte de revenus, de ressources financières. Le temps où les femmes ne savaient pas combien d'argent il y avait dans le compte en banque n'est pas complètement révolu. Cette méconnaissance de la situation financière familiale est stupéfiante, surtout chez les femmes très âgées ou plus dépendantes. C'est parfois un choc, une surprise.

Il y a en plus l'abus, l'exploitation. Les témoignages recueillis regorgent d'exemples de manipulation, traîtrise, fraude et exploitation. Dans la période suivant le décès du conjoint, il est très fréquent qu'un conseiller financier, un agent d'immeuble, un courtier d'assurance, un proche de la famille, un parent profite de la vulnérabilité de la veuve pour se «graisser la patte»...

Le mari de Ginette avait une assurance-vie de 70 000 $. Deux semaines après son décès, la compagnie d'assurances offre à Ginette de s'occuper de placer l'argent et de lui verser des paiements mensuels de 654 $ (montant correspondant à environ 11 % d'intérêts). Devant la complexité des décisions à prendre, et peu habituée à administrer des biens, elle accepte cette proposition. Or le contrat qu'elle a signé en toute confiance stipule que, si elle vit plus de dix ans, ses héritiers n'auront plus droit à rien.

Les compagnies d'assurance, mieux que quiconque, connaissent l'espérance de vie des femmes... Un exemple parmi tant d'autres qui met en évidence l'importance de se faire accompagner dans les démarches financières et légales, et de consulter plusieurs personnes. Mais la capacité de s'informer, de négocier et défendre ses intérêts n'est pas l'apanage des femmes âgées, encore moins au moment où elles sont le plus ébranlées, déstabilisées.

Le support, l'appui de l'entourage ont été de la plus grande importance pour les femmes rencontrées, notamment le soutien d'une autre veuve, d'une amie qui comprend, qui sait, qui est passée par là. Francine Lavoie, dans *Les Réseaux naturels de soutien et la perte du conjoint*, s'est intéressée aux types d'aide auxquels recourent les veuves ; son étude démontre que les veuves font peu appel au réseau formel de services (5 %), mais davantage à la famille (46 %) et aux amis-es (22 %)[4].

Le veuvage est un univers de femmes... L'entraide, la complicité, l'amitié entre veuves sont source de réconfort, d'énergie, de solidarité. Malgré tout, ces femmes sont seules... Il y a cinq fois plus de veuves que de veufs et elles se remarient beaucoup moins[5].

« Un ça suffit, je ne m'occuperai pas d'un autre homme », « on a seulement un mari dans la vie » : opinions majoritaires que tendent à partager celles qui sont divorcées...

Le divorce

Qu'en est-il des femmes qui ont tout investi dans leur famille, supporté les enfants et leur mari pour se retrouver à 55, 60, 65 ans... divorcées ? Elles, qui se sont mariées pour la vie, avec des convictions religieuses, constituent les premières « vraies divorcées » du Québec. Elles ont vécu les préjugés, la solitude, l'absence de support et d'écoute, la trahison, même l'abandon. Pour ces femmes, le divorce est un échec personnel et social, même si elles ont quitté leur conjoint après de nombreuses années difficiles marquées souvent par l'alcool et la violence.

Les témoignages recueillis relèvent parfois de la fiction, du roman, du drame. Je pense en l'occurrence à cette

femme qui au lendemain de son 40e anniversaire de mariage, célébré avec éclat, s'est réveillée avec un mot de son mari qui la quittait pour sa meilleure amie.

Comme bien des femmes divorcées de sa génération, Lucette préfère se dire veuve, un statut moins marqué de préjugés et qui marginalise moins à 70 ans.

Qu'importent les circonstances entourant leur séparation ou leur divorce, ces femmes s'accusent presque toutes de ne pas avoir été de bonnes épouses. Elles se sentent profondément responsables. Elles s'entendent aussi pour dire qu'une des étapes les plus pénibles a été le processus judiciaire. Plusieurs ont même préféré abandonner une partie des biens qui leur revenaient pour éviter de passer devant le tribunal.

La Loi sur le partage du patrimoine a d'ailleurs été adoptée pour contrer les injustices et inégalités engendrées par les divorces à l'endroit des femmes au foyer. Certains juristes diront que cette loi reste imparfaite, que les inégalités demeurent et en plus qu'elle impose à tous les couples des règles de partage préétablies qui touchent le domaine du privé. Mais, quel que soit le cadre juridique, les femmes, surtout âgées, ne sont pas habilitées à défendre leurs droits et ne veulent souvent pas exercer les recours disponibles.

Suzanne Lavallée, anthropologue à l'Université Laval, a fait des recherches sur le processus de divorce chez les femmes de 55 ans et plus, ayant derrière elles de 20 à 40 ans de vie conjugale[6]. Près de la moitié des femmes qu'elle a rencontrées s'étaient rendu compte que ça ne fonctionnerait pas avec leur conjoint et ce, dès le lendemain du mariage. Pourquoi avoir attendu si longtemps, subi autant d'adultères, de cruauté physique et mentale? Pour protéger leur réputation, à cause des enfants, de l'insécurité financière, par peur du conjoint... Et le pire c'est qu'elles n'avaient pas tort!

Même dans les cas où les problèmes étaient très aigus, elles n'ont reçu à peu près aucun soutien. Le plus étonnant reste la réaction très négative des enfants adultes envers leur mère ; plusieurs femmes ont parlé de rupture de leurs relations avec leurs enfants.

Malgré la honte, une situation financière peu reluisante (les divorcées de 55 à 65 ans vivent souvent de l'aide sociale en attendant leur pension de vieillesse), celles qui ont pris l'initiative du divorce finissent par se rétablir, se resaisissent. Enfin libres, certaines retrouvent la paix. Mais celles qui ont « subi » le départ de leur conjoint, qui l'ont vécu comme un abandon qu'elles ne méritaient pas, restent amères, blessées, démolies.

Le remariage et la mise en ménage

Les femmes de 65 ans, seules, veuves, divorcées ou célibataires sont beaucoup plus nombreuses que les hommes mais ont moins tendance à se remarier. Le tableau 13 démontre que la proportion des hommes qui sont mariés (soit 77 %) est presque le double de celle des femmes mariées (42 %). Mais il n'y a pas pour autant 58 % de femmes âgées qui cherchent à se marier… loin de là.

Plusieurs veuves se sentent toujours liées à leur conjoint décédé après 20 à 40 ans de vie commune, et les divorcées restent échaudées. Ce ne sont pas des « non » à l'amour mais au mariage. « Un ami, un amant ? Peut-être, mais pas plus ! »

Les retraitées qui se sont dévouées et sacrifiées pour leur famille et leur mari se retrouvent seules avec bien peu de compensations financières. Elles ne veulent pas pour autant troquer ce qu'elles ont acquis durement : *leur liberté*. Ce sentiment, je l'ai ressenti très fortement dans mes rencontres et entrevues. Soulignons toutefois que la baisse du taux de nuptialité s'observe aussi dans l'ensemble de la population.

Bien sûr, la loi du nombre favorise les hommes, d'autant plus qu'il leur est socialement permis de choisir des partenaires plus jeunes. Passé le cap des 70 ans, les hommes sont neuf fois plus susceptibles de se remarier que les femmes[7]. Mais la réticence des femmes de 65 ans et plus face à la vie de couple n'est pas qu'un problème de disponibilité de partenaires.

Judith Stryckman a constaté que le fait d'avoir ou non des enfants influence différemment le mode de vie des hommes et des femmes âgées. Ainsi le fait d'avoir des enfants a un effet positif sur le remariage ou la cohabitation des hommes mais un effet négatif chez les femmes. L'auteure a constaté que les veuves et divorcées sans enfants ont davantage tendance à vivre avec leurs frères ou sœurs et se remarient plus souvent[8].

Ce constat est fort révélateur des comportements des enfants – même adultes – envers leurs mères. Plusieurs des femmes âgées remariées ou cohabitant avec un nouveau compagnon nous ont parlé des réactions négatives et de la désapprobation de leurs enfants. Sentiments que ne semblaient pas du tout entretenir les enfants de leur conjoint. Le témoignage de Cécile, rapporté dans le chapitre précédent en est un parmi beaucoup d'autres.

Si la majorité des femmes ayant vécu le veuvage, le divorce ou la séparation «n'ont pas le goût de se réembarquer» et choisissent de vivre seules, certaines rencontrent tout de même l'amour.

Je ne peux m'empêcher de raconter l'histoire de la grand-mère d'un ami qui, à 76 ans, a connu le plus grand amour de sa vie. Petite femme vive et assez autoritaire, elle a rencontré son amoureux après plusieurs années de veuvage. Ils se sont mariés et firent quelques beaux voyages

ensemble. De retour d'une croisière, elle rapporta en souvenir un pot à lait sur lequel on peut lire: «Adam et Ève inventèrent un jeu qui nous amuse encore»...

L'amour est présent mais pas aveugle! Les femmes âgées remariées ou vivant en couple ne sont pas les jeunes mariées dépendantes d'il y a 45 ans. Elles sont beaucoup plus lucides dans leurs attentes et négocient davantage le partage du quotidien. Certaines préfèrent garder leur résidence et inviter leur compagnon à s'installer à temps plein, souvent à temps partiel. Les formules de cohabitation sont variées.

Vivre avec un conjoint amène beaucoup de sécurité affective et financière mais aussi un surcroît de tâches: deux fois plus de repas d'anniversaire, de cadeaux aux enfants et petits-enfants qui se multiplient. La famille élargie, ça fait beaucoup de monde à aimer et à gâter. La liberté d'action s'en trouve ébranlée, diront plusieurs.

Le choix de se remarier ou d'habiter avec un compagnon reste quelque peu marginal car la majorité des femmes vivent seules. Et comme le disait avec justesse une femme interviewée: «La solitude, c'est comme la vie à deux, elle est belle quand on la choisit. Elle ne vaut rien quand on la subit.»

Cohabitation ou habitation en solo?

Véritable phénomène de société, l'habitation en solo est de plus en plus répandue. S'il ne touche pas uniquement les personnes vieillissantes, «les femmes de 60 ans et plus continuent cependant de représenter la majorité des personnes seules[9]».

Comme l'illustre le tableau 14, c'est à partir de 55 ans que le pourcentage de femmes vivant seules commence à dépasser celui des hommes. En fait, après 65 ans, il y a près de trois fois plus de femmes vivant seules.

Or vivre seule et vivre décemment sont devenus quasi in-conciliables aujourd'hui, surtout pour des femmes âgées ayant peu travaillé et accumulé peu d'économies. Aux difficultés fi-nancières s'ajoute l'insécurité, d'autant plus que le réseau social et familial rétrécit en vieillissant. Dans un article sur «l'indépen-dance matérielle des aînées : la question du logement[10] », Veronica Doyle faisait ressortir les problèmes vécus quant au manque de soutien, à la mobilité restreinte (les femmes n'ayant souvent pas d'automobile) et à la solitude.

De plus, les femmes âgées locataires sont deux fois plus nombreuses que les hommes et, par conséquent, plus vulné-rables économiquement. Selon les données canadiennes rappor-tées par Mme Doyle, 42 % des femmes de 55 à 64 ans sont loca-taires par rapport à 19 % des hommes du même âge. Ces pourcentages augmentent avec l'avancement en âge pour atteindre 46 % chez les femmes de 65 à 74 ans et 53 % chez celles de 75 ans et plus[11].

Tableau 14

POURCENTAGE DES PERSONNES VIVANT SEULES,
SELON L'ÂGE ET LE SEXE, AU CANADA, EN 1990

	Hommes (%)	Femmes (%)
25 à 34 ans	14	7
35 à 44 ans	11	7
45 à 54 ans	9	10
55 à 64 ans	11	16
65 ans et plus	16	43

Source : Statistique Canada, *La Préretraite... une période de transition*, série Tendances sociales canadiennes, été 1993, catalogue 89-521.

Les aînées sont locataires parce qu'elles ont vendu leur maison, ce que font souvent les veuves, ou parce qu'elles n'ont jamais eu accès à la propriété, faute de ressources et de programmes gouvernementaux adaptés à leurs besoins. Il y a dans le mode d'occupation un déséquilibre énorme entre les sexes. Les femmes locataires restent à la merci des hausses de loyer – réalité encore plus aiguë dans les grands centres urbains.

Pas surprenant que les femmes qui ont opté pour la cohabitation invoquent, d'abord le fait d'échapper à la solitude, puis des motifs d'ordre économique. L'étude de J. Stryckman mentionnée précédemment a d'ailleurs fait ressortir les motivations différentes des femmes et des hommes âgés face à la vie commune. Les hommes cherchent également à échapper à la solitude mais souhaitent aussi bénéficier d'un soutien. Ce motif trouve son corollaire chez les 101 répondantes de l'étude : 7,8 % d'entre elles ont choisi la cohabitation à cause de la solitude de leur compagnon et 10 % l'ont fait à cause de sa maladie. Ajoutons que 65 % des répondantes cohabitaient avec un membre de leur famille (une sœur surtout, un enfant ou un parent) et 7,9 % vivaient avec un conjoint de fait. Dans l'ensemble, les femmes se sont déclarées très satisfaites de ce mode de vie et semblaient prêtes à recommencer l'expérience.

J'ai pu observer les mêmes tendances chez les femmes de mon entourage qui ont opté pour la cohabitation : leur besoin de partager, d'aimer et d'être aimée est très fort et semble justifier quelques compromis. Elles insistent par contre sur l'importance de bien choisir la personne avec qui on s'engage et considèrent qu'en cas de doute il vaut mieux s'abstenir... La cohabitation constitue certes une solution peu coûteuse à l'isolement, l'insécurité, la pauvreté et au placement en institution des femmes âgées, mais ce n'est pas pour autant « la » solution ou le mode de vie à privilégier comme plusieurs le soutiennent[12]. Cette question soulève entre autres celle des femmes qui vivent avec leur mère et en prennent soin, thème qui sera abordé plus loin dans la section portant sur les responsabilités familiales.

Mais je ne voudrais laisser au lecteur, à la lectrice l'impression que la tendance croissante à vivre seule est attribuable à un manque de possibilités, c'est-à-dire de personnes avec qui vivre. L'habitation en solo c'est surtout un choix. De nombreuses femmes aînées affirment leur volonté de sauvegarder l'intimité et l'indépendance qu'elles ont souvent durement acquises. Ce choix de vie, nous l'avons vu, a un prix... celui de la pauvreté.

FÉMINISATION DE LA PAUVRETÉ

Les femmes âgées sont fières. Elles sont habituées à se débrouiller avec peu de revenus, à faire des miracles avec presque rien... Elles ne se plaignent pas. Tout ceci rend difficile l'évaluation de leur condition socio-économique.

Le fait de toucher la pension de vieillesse et le supplément de revenu garanti à l'âge de 65 ans permet à certaines de passer de la misère à la pauvreté. Comme le soulignait une participante au colloque de l'Association québécoise de défense des droits des personnes retraitées et pré-retraitées :

> On a travaillé toute une vie sans salaire. Aujourd'hui, on se retrouve sans Régime de rentes du Québec et on doit attendre l'âge fatidique de 65 ans avant d'être éligible à notre pension fédérale. La seule joie que nous retirons, à travers le faible montant perçu, est de recevoir un premier chèque à notre nom, de toute notre existence ; avez-vous déjà pensé ce qu'est une vie sans argent vraiment à soi[13] ?

Les régimes de pension : à quand l'équité ?

La situation financière des femmes âgées est directement reliée à celle qui a prévalu toute leur vie. L'énorme disparité des revenus entre les hommes et les femmes ne disparaît pas avec l'âge.

Dans le magazine *Les Affaires plus*, Yves Séguin analysait les déclarations d'impôt de 1991 des contribuables canadiens et constatait que 9,5 millions d'hommes ont déclaré des revenus totalisant 295 milliards de dollars et que 9,4 millions de femmes ont déclaré des gains de 169 millions[14] !

Les femmes qui travaillent ont des revenus inférieurs à ceux des hommes. Toujours en 1991, les femmes qui travaillaient à temps plein gagnaient en moyenne 26 842 $. « C'est à peine 70 % du revenu moyen de 38 567 $ gagné par les hommes dans la même situation[15]. »

Le tableau 15 fait ressortir avec éloquence la pauvreté des femmes de 55 ans et plus et l'inégalité des revenus entre les hommes et les femmes, particulièrement entre 55 et 64 ans. La situation est alarmante pour ces préretraitées qui vivent avec moins de 50 % du revenu des hommes de leur génération. C'est assez pour que la « douce moitié » ait envie de se révolter ! En fait, 200 565 femmes de 55 à 64 ans, soit près des deux tiers d'entre elles, gagnaient moins de 10 000 $ en 1990.

C'est le cas de Monique qui vit seule, son mari l'ayant abandonnée à 42 ans avec ses trois enfants. Elle a fait des ménages pour survivre. Ses frères et sœurs l'ont beaucoup aidée. « J'avais l'impression de demander l'aumône. » Elle n'avait pas le choix, elle a dû demander des prestations d'aide sociale. Actuellement, Monique a 59 ans et vit encore sous le seuil de la pauvreté, dans un logement de trois pièces en ville. Elle fait encore des ménages. Rien n'est déclaré, ce qui fait qu'à 65 ans elle ne sera éligible qu'à la pension de vieillesse et au supplément de revenu garanti. C'est peu mais c'est mieux que la misère.

Tableau 15		

REVENU DES PERSONNES DE 55 ANS ET PLUS,
SELON LE GROUPE D'ÂGE ET LE SEXE, AU QUÉBEC, EN 1990

Groupe d'âge et tranche de revenu	Hommes	Femmes
55 - 64 ans	301 655	330 355
sans revenu	8 380	71 460
avec revenu	293 275	258 895
– 2 000 $	9 160	17 235
2 000 - 9 999	45 000	111 870
10 000 - 19 999	55 595	63 110
20 000 - 29 999	62 190	36 050
30 000 - 39 999	49 335	16 080
40 000 - 49 999	29 230	7 400
50 000 - 59 999	16 710	7 150
60 000 - 74 999	11 285	*
75 000 et plus	14 775	*
revenu moyen	**31 059 $**	**14 557 $**
65 - 69 ans	**120 700**	**146 755**
sans revenu	1 080	3 250
avec revenu	119 630	143 500
– 2 000 $	1 815	3 675
2 000 - 9 999	21 460	61 575
10 000 - 19 999	47 520	48 060
20 000 - 29 999	23 490	11 425
30 000 - 39 999	10 765	4 410
40 000 - 49 999	5 570	2 100
50 000 et plus	9 010	2 250
revenu moyen	**23 656 $**	**12 013 $**
70 ans et plus	**171 870**	**266 935**
sans revenu	760	1 710
avec revenu	171 105	265 220
– 2 000 $	275	410
2 000 - 9 999	22 720	121 202
10 000 - 19 999	81 905	111 155
20 000 - 29 999	23 255	18 490
30 000 - 39 999	9 840	6 565
40 000 - 49 999	4 760	3 115
50 000 et plus	8 350	4 280
revenu moyen	**19 525 $**	**13 598 $**

* Données non disponibles

Source : Statistique Canada, *Certaines statistiques sur le revenu*, avril 1993,
catalogue 93-331.

Après 65 ans, si le revenu moyen des femmes est inférieur de 2 500 $ par rapport à celui des femmes de 55 à 64 ans, la proportion de femmes très pauvres diminue : 68 500 Québécoises de 65 à 69 ans sur 146 755 ont un revenu inférieur à 10 000 $. Le nombre de femmes âgées sans revenu chute considérablement lorsqu'elles deviennent éligibles à la pension de la sécurité de la vieillesse.

Les disparités socio-économiques entre les sexes résident aussi dans le fait que 43 % des femmes de 65 ans et plus vivent seules et n'ont pu accumuler que très peu de biens et d'épargnes au cours de leur vie de mère et d'épouse. Parmi les personnes vivant seules, les faibles revenus se retrouvent tout d'abord chez les jeunes de 24 ans et moins (55,5 %) puis chez les femmes de 65 ans et plus (47,4 %)[16].

Ajoutons que parmi les provinces canadiennes c'est au Québec qu'on enregistre la plus forte incidence de faible revenu chez les gens vivant seuls et ce particulièrement en région urbaine.

La meilleure façon d'être pauvre c'est d'être une femme âgée de moins de 24 ans ou de plus de 65 ans, vivant seule... à Montréal !

Voyons un peu plus en détail comment se compose le revenu des femmes âgées et comment se jouent les inégalités au niveau des régimes de retraite publics et privés.

Au fédéral : la pension de la sécurité de la vieillesse

La pension de la sécurité de la vieillesse (PSV) est une prestation mensuelle de 387,74 $ versée à tout citoyen canadien de 65 ans et plus. À ce régime universel s'ajoute un supplément dit de revenu garanti (SRG) pour les personnes qui ne disposent que d'un faible revenu[17]. Or ces deux sources fédérales de revenu totalisaient, en 1994, 848,53 $ par mois et ne permettaient pas d'atteindre un objectif antipauvreté pour les personnes âgées vivant seules. Leur effet combiné maintient le revenu des aînés vivant seuls, surtout des femmes, rappelons-le, en dessous du seuil de pauvreté. À titre d'exemple, pour 1992, le seuil de pauvreté était établi à 15 175 $ (soit 1 264,58 $/mois) pour une personne vivant seule dans une grande municipalité et à 10 331 $ (soit 860,91 $/mois) en milieu rural[18].

Leurs pensions sont de beaucoup inférieures à celles perçues par les couples (1 375,76 $ par mois), même si le coût de la vie – loyer, coût de l'épicerie, du chauffage – diffère très peu que l'on habite seul ou à deux.

Qu'en est-il des femmes qui ont moins de 65 ans ? Le programme fédéral n'ayant prévu qu'une allocation au conjoint, payable à la veuve de 60 à 65 ans dont le revenu est nul ou faible – 759,42 $ par mois, soit 9 113,04 $ par année – les autres femmes (c'est-à-dire les célibataires, divorcées, séparées ou devenues veuves avant 60 ans) sans travail ni autre source de revenus doivent compter sur l'aide sociale.

Femmes âgées de 65 ans et plus vivant seules	Couples dont les conjoints sont âgés de 65 ans et plus
PSV 387,74 $	PSV 387,74 $ x 2 = 775,48 $
SRG 460,79 $	SRG 300,14 $ x 2 = 600,28 $
848,53 $/mois	**1,375,76 $/mois**

« Vous ne pouvez pas vous imaginer ce que ça a été pour moi, à 58 ans, d'être obligée d'aller demander de l'assistance sociale pour survivre. Je n'arrivais plus. Après avoir élevé cinq enfants, travaillé fort toute une vie, je ne pouvais pas me résigner à être sur le *B.S.*, pas moi ! C'est la mort dans l'âme que j'y suis allée. J'en ai pas parlé, j'avais trop honte ! Je vous dis que j'avais hâte d'avoir mes 65 ans. Pas juste pour avoir un peu plus d'argent mais pour être une pensionnée, pas une assistée sociale. »

Cette pauvreté des femmes vieillissantes, on en parle peu. On ne la voit pas. Combien de jeunes dans mes cours sont stupéfaits de constater avec quelle somme d'argent vit leur tante, leur grand-mère et parfois même leur mère. Lorsqu'on a travaillé sans salaire presque toute sa vie, à élever des enfants et à s'occuper de la famille, le peu de revenus qu'on retire enfin à 65 ans apparaît comme un privilège. Gloria Escomel, dans un excellent article paru en 1987 dans *La Gazette des femmes*[19], raconte le quotidien de ces aînées vivant seules et recevant le supplément de revenu garanti : des femmes qui ne se plaignent pas.

Au provincial : le régime des rentes du Québec

Bien qu'il ne soit pas du ressort de cet ouvrage d'expliquer et de présenter en détail le régime des rentes du Québec (RRQ), je tiens à y consacrer une section particulière, compte tenu de son fonctionnement discriminatoire et pénalisant envers les femmes. Le RRQ est sans contredit un des programmes qui a attiré le plus l'attention des groupes de femmes.

En fait, il s'agit d'un régime d'assurance sociale qui s'appuie sur les cotisations obligatoires des travailleurs-euses et de leurs employeurs-es. Toute personne ayant travaillé au Québec depuis le 1er janvier 1966 (date d'entrée en vigueur du régime) et ayant gagné au moins le minimum requis (actuellement 3 400 $ par année) doit verser des cotisations. Ces contributions donnent droit soit à une rente de retraite (ou une rente d'invalidité), une rente de conjoint survivant, une rente d'orphelin, et une prestation de décès.

Soulignons que la rente de retraite maximale était en 1994 de 486,11 $ par mois. Pour avoir droit à cette prestation, il faut avoir 65 ans et avoir cotisé au maximum durant 85 % de toutes les années comprises dans la période cotisable (débutant à l'âge de 18 ans ou en 1966 et finissant à la retraite). Pour payer la cotisation maximale en 1994, il fallait gagner au moins 34 400 $.

Or voilà, puisque le calcul des rentes tient compte de la rémunération ainsi que des cotisations versées, il reflète les salaires inférieurs des femmes : même les salariées à temps plein ne gagnent que 70 % du salaire moyen des hommes, soit 26 842 $[20]. Qu'arrive-t-il à ces femmes qui n'ont travaillé qu'à temps partiel ou quelques années avant la naissance des enfants et après leur entrée à l'école secondaire ? Des années de cotisation en dents de scie, des revenus à temps partiel dans des emplois précaires et peu rémunérés caractérisent les dossiers féminins de la Régie des rentes du Québec. Les femmes sont pénalisées par ce mode de calcul et ce, même si des mois de gains faibles ou nuls peuvent être déduits de leurs périodes cotisables (dont ceux où une allocation familiale est versée pour enfants de moins de sept ans).

En définitive, nombre de femmes âgées sont carrément exclues de ce régime de retraite et celles qui en bénéficient retirent des sommes plutôt minces. Ainsi, 89,1 % des hommes reçoivent une rente de retraite mensuelle moyenne de 422,32 $ alors que seulement 41,3 % des femmes retraitées ont droit à une rente moyenne de 231,11 $ par mois[21].

Déjà peu nombreuses, les rentières perçoivent des montants correspondant à environ 55 % de la rente des hommes de leur génération. On voudrait croire qu'il s'agit là d'une situation marginale qui tend à changer, qui est en voie de disparition... que l'avènement des femmes sur le marché du travail leur donnera accès aux régimes de retraite privés et publics, que les temps changent... Le lecteur et la lectrice auront sûrement envie de rétorquer là aussi que le nombre de femmes bénéficiaires du régime des rentes du Québec est en hausse et que davantage de femmes restent maintenant sur le marché du travail tout en élevant les enfants. Certes ! Toutefois les écarts salariaux, la situation générale du marché du travail et le taux de chômage ne laissent pas présager de changement majeur. J'aurais tendance à mettre en garde les jeunes étudiantes qui se croient beaucoup moins vulnérables financièrement que leurs mères et leurs grands-mères. D'autant plus que leurs compagnons de vie sont aussi souvent dans une position précaire en ce qui a trait au salaire et conséquemment à leurs contributions aux régimes de retraite.

Outre la rente de retraite pour les travailleuses, la Régie des rentes du Québec verse aussi une prestation mensuelle à la survivante d'un conjoint qui a contribué au régime (92 % des bénéficiaires étant des femmes, l'utilisation du féminin va de soi dans ce cas-ci). Le montant versé à la veuve varie selon les cotisations effectuées mais aussi selon l'âge de la conjointe survi-

---

Tableau 16

POURCENTAGE DES PERSONNES DE 65 ANS ET PLUS
BÉNÉFICIANT DE LA RENTE DE RETRAITE DU QUÉBEC,
SELON LE SEXE, DE 1970 À 1992

Année	Hommes (%)	Femmes (%)
1970	19,3	3,5
1975	40,0	10,0
1980	67,8	19,3
1985	80,3	27,8
1990	87,9	37,7
1992	89,1	41,3

Source : Régie des rentes du Québec, *Le Régime des rentes du Québec, statistiques 1992*, 1993, p. 64.

vante. Ainsi la rente allouée aux femmes de 55 à 65 ans correspond à un montant fixe auquel s'ajoute 37,5 % de la rente de retraite qu'aurait reçue la personne décédée, pour un montant total maximum de 660,01 $ par mois (en 1994). Quant aux veuves de 65 ans et plus, elles ne reçoivent que 60 % de la rente de retraite cumulée par leur mari, somme qu'elles peuvent ajouter à leur propre rente de retraite. Si la rente maximale versée en 1994 était de 416,66 $, la rente mensuelle moyenne était en réalité de 270 $ pour les bénéficiaires de 65 à 69 ans et de 240 $ pour celles de 70 à 74 ans[22]. Les groupes de femmes revendiquent d'ailleurs une augmentation de la rente de conjoint survivant.

Ainsi, dans la logique du régime, comme le suggère René Diotte[23], pour qu'une femme travaillant à la maison ait droit à des rentes de retraite du Québec, il y a trois solutions :

– Travailler chez le voisin et inviter sa voisine à faire de même ; ainsi tout en effectuant les mêmes tâches, leurs salaires seraient reconnus et considérés comme gains admissibles à la Régie des rentes ;

– espérer que son conjoint meure pour avoir droit à une rente de conjointe survivante (si celui-ci a cotisé évidemment) ;

– obtenir un jugement de divorce et recevoir automatiquement la moitié des gains accumulés au régime du conjoint pendant les années de mariage ou de vie commune.

Ajoutons qu'avant la réforme de la Loi sur le régime des rentes et l'entrée en vigueur de la Loi sur le partage du patrimoine, les femmes divorcées devaient faire une demande pour avoir droit au partage des rentes. Elles avaient un délai de trois ans, après le jugement de divorce, pour déposer cette requête. Entre 1977 et 1984, 90 % des femmes divorcées ont perdu leur droit au partage.

Les régimes de retraite privés et l'épargne personnelle

Pour dresser un portrait plus complet de la situation financière des femmes de 65 ans et plus, il faut aussi mentionner l'épargne personnelle et les revenus de placements. Pour les femmes issues de milieux socio-économiques favorisés, les intérêts de placements constituent souvent la principale source de revenu : REER, assurances, fonds mutuels, dépôts à terme, etc. Mais la majorité des Québécoises âgées, ayant peu travaillé à l'extérieur du foyer, n'ont pas eu accès à ces types d'épargne personnelle. Si en 1990, moins de 40 % des femmes retraitées étaient bénéficiaires du régime des rentes du Québec (tableau 16), on peut facilement en déduire que le nombre de femmes possédant des régimes privés de retraite est marginal. Ces régimes privés, surtout ceux qu'ont connus les travailleuses maintenant retraitées, étaient rarement transférables, exigeaient plusieurs années de service chez un même employeur et excluaient les femmes travaillant à temps partiel. Les conditions de cotisation à des régimes privés se sont aujourd'hui assouplies et intègrent de plus en plus les employés-es travaillant à temps partiel.

Outre le faible pourcentage de travailleurs ayant souscrit à des régimes de retraite privés, il faut souligner qu'une partie seulement de ces régimes prévoient une pension de veuve, qui sera alors réduite à la moitié de sa valeur. Un autre signe de reconnaissance de la contribution des femmes…

NOUVELLES RESPONSABILITÉS FAMILIALES

La famille occupe encore aujourd'hui un espace central dans la vie des femmes, et ce peu importe leur âge. C'est d'ailleurs souvent autour de l'aînée, la grand-mère, que se réunissent toutes les générations. Son départ laisse des cicatrices et les liens familiaux se desserrent, les réunions et fêtes de famille se font de plus en plus rares ou deviennent choses du passé.

Nous abordons dans cette section les rapports que les femmes entretiennent avec les membres de leur famille immé-diate : leur conjoint, maintenant retraité et présent 24 heures sur 24, leurs enfants adultes et leurs petits-enfants, puis, fréquem-ment, leurs parents – surtout leurs mères, arrière-grands-mères âgées de 85 ans et plus. Nous verrons que l'engagement de ces femmes envers les leurs, la disponibilité et l'aide concrète qu'elles apportent, ébranlent la traditionnelle théorie de la perte de rôles avec le vieillissement... du moins en ce qui a trait aux rôles familiaux des jeunes retraitées.

Mais comment les femmes, mères et grands-mères de 65, 70 et 85 ans, composent-elles avec tous les bouleversements et transformations vécus par la famille québécoise ? Elles sont à réinventer des modes de relation et d'entraide, empreints de respect et d'écoute.

« Être mère, c'est une *job* pour la vie ! »

La famille transformée au cœur de la vie des aînées

Quels sont les principaux changements survenus au niveau de la structure familiale et quels impacts ont-ils sur les femmes âgées ?

On peut d'abord rappeler qu'avec l'industrialisation et l'ur-banisation la famille québécoise est passée d'une structure élargie (multigénérationnelle) à une structure nucléaire (parents et enfants dépendants). Conséquemment, les personnes âgées, qui vivaient au sein de la famille élargie, sont maintenant ex-clues du noyau familial. À ceci s'ajoute l'augmentation du nombre de divorces touchant près de 50 % des ménages. Cet éclatement de la famille interpelle les aînés-es dans leurs valeurs et dans les rôles de suppléance qu'ils sont de plus en plus appelés à jouer.

Autre changement très significatif pour les femmes, la diminution du nombre d'enfants. Si nos grands-mères et arrière-grands-mères ont porté dix, douze, quatorze enfants et parfois plus, les retraitées d'aujourd'hui, les mères des *baby boomers*, ont eu en moyenne trois enfants. Quant à ces dernières, les *baby boomers*, elles ont donné naissance à moins de deux enfants[24].

Le cycle de vie familiale des femmes s'est transformé de façon majeure ; le tableau 17 illustre ces changements.

À la lecture du tableau 17, on a la surprise d'apprendre que, contrairement à la croyance populaire, les femmes de 35-45 ans se sont mariées un peu plus jeunes que leurs aïeules. Toutefois, il s'agit de données canadiennes globales qui ne reflètent pas les différences culturelles entre les anglophones et les francophones.

Compte tenu de la diminution du nombre d'enfants, le dernier-né arrive beaucoup plus tôt dans la vie des femmes. Si jadis la dernière naissance coïncidait avec la ménopause, les femmes retraitées âgées ont eu leur dernier enfant vers la trentaine et nous avons le nôtre vers 26 ans. (La tendance chez les femmes plus scolarisées et qui travaillent à avoir des enfants plus tardivement ne semble pas assez forte pour influencer les statistiques.) Conséquemment, les femmes consacrent de moins en moins d'années aux soins et à l'éducation des jeunes enfants.

Toujours selon ces données, c'est plus jeunes que les femmes connaîtront le « nid vide », c'est-à-dire le départ du dernier enfant. Or, dans la conjoncture actuelle, il est de plus en plus fréquent que de jeunes adultes dans la vingtaine sans travail habitent chez leurs parents. Sans ressources financières, il arrive même qu'ils reviennent au bercail, parfois avec leurs petits… Mise à part cette situation, les femmes vivent actuellement de 18

Tableau 17				

ÂGE MOYEN DES FEMMES DE QUATRE GÉNÉRATIONS
AU COURS DES CYCLES DE LEUR VIE FAMILIALE, AU CANADA

	Femmes nées entre			
	1841-50	**1901-10**	**1931-40**	**1951-60**
Âge moyen:				
• au premier mariage	26	23	21	22
• à la première naissance	28	25	23	24
• à la dernière naissance	40	29	29	26
• au «nid vide*»	60	49	49	46
• au veuvage	59	61	67	70
• au décès	64	67	79	82
Années passées:				
• entre le mariage et la première naissance	2	2	2	2
• à élever des enfants	32	24	26	22
• mariée, sans enfants dépendants	0,6	12	18	24
• veuve	4,8	6	12	12

* Âge moyen de la mère lorsque le cadet a 20 ans.

Source: Ellen M. Gee et Meredith Kimball, *Women and Aging*,
Toronto, Butterworths, tableau 6.1, p. 83.
À noter que les divorces sont exclus de ces données.

à 24 années «en tête à tête» avec leurs conjoints. Soulignons que jadis elles pouvaient devenir veuves avant même le départ du dernier enfant (à 59 ans en moyenne).

Cette nouvelle réalité, vivre plus longtemps seule avec son conjoint, est essentiellement due à la longévité. Toutefois si les femmes sont veuves plus tard, elles le sont beaucoup plus longtemps, pendant douze ans environ.

Les données du tableau 17 indiquent que les femmes nées entre 1931 et 1940 vivront en moyenne 58 ans après s'être mariées et 34 de ces années (soit 58,6 % du temps) seront passées sans responsabilités au niveau de l'éducation des enfants et que 12 années (soit 20,7 % du temps) seront passées sans conjoint.

Ainsi, il semble que les rôles féminins traditionnels auxquels ces femmes retraitées ont été préparées, soit ceux de mère et d'épouse, occupent de moins en moins de place au cours de leur vie. Plusieurs auteures, dont Carolyn Rosenthal, constatent toutefois que les rôles typiquement féminins se perpétuent à travers de nouvelles responsabilités familiales[25]. Les femmes vieillissantes restent «au service» de la famille, répondant à de nouvelles exigences, à de nouveaux besoins : ceux de leurs parents très âgés nécessitant des soins, ceux des enfants adultes – jeunes parents séparés, monoparentaux – nécessitant les services d'une gardienne, ceux du mari, retraité, dont la santé commence à chanceler...

Alors qu'elles pourraient et souhaiteraient profiter de plus de liberté, les femmes de cette génération, surtout les 55-69 ans, sont en quelque sorte une «génération sandwich», «prise» entre le mari, les enfants, les petits-enfants et une mère âgée qui sollicitent leur aide et leurs services...

Le « nid vide » et la retraite du conjoint

Après le départ du dernier enfant, les femmes dans la cinquantaine peuvent envisager vivre 18 ans avec leur conjoint (pour celles qui ont entre 35 et 44 ans, ce seront 24 années, selon les projections du tableau 17). Ces années marquent l'entrée dans un tout nouveau style de vie, une nouvelle étape, qui prend souvent l'allure d'une épreuve au moment de la retraite du conjoint.

Le travail constitue le principal lieu d'échanges sociaux, de réalisation et d'engagements pour les hommes de 50 ans et plus.

Une fois retraités, ils auront tendance à compenser la perte du rôle de travailleur et de ces relations par une participation accrue aux travaux domestiques et un plus grand engagement familial. Alors que les femmes ont assumé tout au long du mariage la plupart des tâches ménagères et familiales, voilà que leur conjoint réintègre le foyer pour de bon et tente de s'approprier certaines tâches et ce, souvent maladroitement. Même si elle reconnaît la détresse de l'ex-travailleur et apprécie sa volonté de se rendre utile, la conjointe n'en vit pas moins une intrusion soudaine dans son domaine.

Vu de l'extérieur, cet engouement subit des hommes pour les tâches quotidiennes peut sembler intéressant, par contre, les femmes qui assistent aux essais et erreurs de leurs maris tolèrent difficilement que le travail domestique soit réorganisé.

Roger s'est consacré «Roi du foyer» depuis sa retraite et s'adonne, aux dires de Colette, sa conjointe, à la cuisine, au lavage mais exclut le ménage (!). Après avoir élevé quatre enfants, Colette trouvait au début que c'était une petite douceur bien méritée d'avoir un repas prêt le soir en rentrant du travail. Mais aujourd'hui elle appréhende sérieusement sa retraite: quelle sera sa place à la maison?

Marguerite relate avec humour les anecdotes qui ont marqué la retraite de son conjoint. «Il tournait constamment en rond, venait mettre du sel dans la soupe que je préparais et venais justement de saler, me suivait pour plier le linge après le lavage... une vraie tache! Il se rendait fréquemment chez ma fille qui reste à la maison pour l'aider avec les enfants: il en promenait un en poussette, allait chercher l'autre à l'école, faisait ses courses, etc.»

Au moment de la retraite du conjoint, le couple vit une complète redéfinition. Il ne fonctionne plus sur le mode de production de biens et services par rapport aux rôles de pourvoyeurs et de parents. Il y a inévitablement une redistribution des rôles qui ne s'effectue pas sans passer par un rapport de force. Ces tensions dans le couple font ressurgir de vieilles rancunes et suscitent quelques règlements de comptes. La retraite déstabilise le conjoint et offre en quelque sorte l'occasion à sa femme de lui rendre la monnaie de sa pièce... Voici, en substance, ce que les femmes interrogées pouvaient penser en voyant leur mari désemparé:

> « Pauvre chéri, après le départ des enfants, il a bien fallu que j'organise ma vie. Je n'allais pas passer mes journées à t'attendre. Tu sais, une fois le ménage fait, la lessive, les courses, la matinée est finie. Il reste tout l'après-midi. Alors je me suis trouvé peu à peu des activités en dehors pour éviter de tourner en rond dans la maison comme un animal en cage. Tu n'as qu'à en faire autant. »

C'est la « douce revanche » des ménopausées... qui a été amplement commentée:

> On parle beaucoup de redistribution des rôles masculin et féminin; à notre avis, l'origine de la crise prend sa source dans la redistribution du ou des pouvoirs. C'est dans cette période que l'on voit nombre de femmes prendre, reprendre ou abuser du pouvoir[26].

Nous avons tous en tête un exemple typique d'une femme âgée prenant en charge son conjoint retraité et le tenant sous sa gouverne. Le pauvre type devient assujetti aux activités de sa femme. Par contre, à l'opposé, il y a celles qui tentent, par tous les moyens, de faire sortir leur mari de la cuisine, l'incitant à s'organiser un coin de bricolage dans la cave, à partir l'hiver en Floride ou même à retourner travailler. Certaines femmes profitent de cette période pour décider que dorénavant le couple fera chambre à part.

Elles se sentent parfois littéralement envahies et plusieurs femmes rencontrées ont exprimé à ce sujet leur exaspération, surtout la première année de la retraite.

« Georges laisse traîner son journal partout, il traîne devant la télévision des heures et des heures et, en plus, il critique tout. En vérité, il s'ennuie mais il ne veut rien faire. Il refuse presque toutes les sorties que je lui propose. Je n'en peux plus de le voir tourner en rond ! »

Maximilienne Levet-Gautrat définit deux réactions typiques à la retraite du conjoint : l'une investissant le territoire familial (« son territoire ») et l'autre, le désinvestissant au profit d'activités à l'extérieur[27]. « Quand mon mari est rentré à la maison, moi, j'en suis sortie. »

Quant aux femmes qui s'accrochent à leur domaine, à leur univers de jadis, l'auteure distingue là aussi deux approches. L'une, qualifiée de « tyran dans sa forteresse », enchaîne son mari au territoire pour en faire son serviteur ou l'en exclut carrément, et l'autre, « la mère en son royaume », se consacre entièrement à ses parents âgés et à ses petits-enfants (les laissant même envahir tout le territoire). Bien sûr, il s'agit de portraits symboliques, mais ils illustrent des manifestations réelles que le temps atténue.

Pour les femmes, le principal impact de la retraite du conjoint est sans contredit la perte de liberté. Cette soudaine présence 24 heures sur 24 pèse lourd[28] et arrive à un moment où les femmes commencent à avoir un peu de temps à elles. Elles se sentent alors obligées de consacrer du temps à leur mari, lequel se plaint fréquemment de leurs sorties et de leur absence. Nombreuses sont celles qui, travaillant à l'extérieur, subissent les pressions de leur conjoint et sont fortement incitées à prendre leur retraite.

Alors que son mari a dû prendre sa retraite prématurément il y a cinq ans, Ghyslaine travaille encore et est très active. Son mari trouve qu'il profiterait davantage de sa retraite si elle arrêtait de travailler et rêve de s'installer à la campagne. Or elle ne veut pour rien au monde renon-

cer aux activités qui la passionnent : travail, cours, bénévolat.

L'histoire de Louise est pathétique. Enseignante très engagée dans son milieu, elle cède aux demandes de son
mari et quitte son travail à regret. Voulant profiter d'une
retraite confortable à deux, ils planifient quelques
voyages, mais un accident cérébro-vasculaire paralyse son
conjoint. S'ensuit une période où Louise fait l'aller-retour
entre l'hôpital et la maison. Son conjoint meurt quelques
mois plus tard, elle se retrouve seule et désemparée.

Cette histoire évoque une étape qui survient plus ou moins
prématurément dans les années de retraite : le décès du conjoint
(précédé d'une période de maladie dont la durée et la gravité
varient beaucoup). Puisque les hommes sont plus âgés que leurs
conjointes et qu'ils ont une espérance de vie inférieure, les
femmes auront presque inévitablement à prendre soin de leur
mari et à l'accompagner dans les derniers moments de la vie.

À la crise du début de la retraite que nous venons de dé-
peindre succède une période d'adaptation et parfois même
d'harmonie que les problèmes de santé viendront chambarder.
Les statistiques révèlent que c'est vers 70 ans que les retraitées
d'aujourd'hui vivront le décès de leur conjoint. Pour certaines, ce
départ sera précédé d'années consacrées aux soins d'un grand
malade. Les heures passées à le soigner sont incalculables, ne
laissant plus de place aux sorties, aux amis, à la famille. Ce
dévouement se fait souvent au prix de leur propre santé, mais
nombre de femmes refusent de placer leur conjoint en institution. Elles se sentent responsables de lui et se sentiraient
coupables si elles déléguaient cette tâche.

Les cas vécus sont si nombreux, ils composent le quotidien
des services de maintien à domicile de tous les CLSC du Québec.
Des femmes vivent au jour le jour avec un conjoint atteint de la
maladie d'Alzheimer, incontinent, qui ne reconnaît personne et
présente même des signes d'agressivité, d'autres veillent presque

24 heures sur 24 sur leur compagnon cancéreux en phase terminale... Souvent, ces femmes viennent justement d'accompagner, d'aider et de soigner leurs vieilles mères de 88, 92 ans!

Pour en revenir aux étapes de la retraite du conjoint et du «nid vide», il faut souligner qu'il n'est pas facile après toutes ces années où l'on a négligé les relations de couple, pris dans le tourbillon du travail et de la famille, de se retrouver et de se reconstituer une vie à deux. D'autant plus que, très souvent, les conjoints ont vécu en parallèle: lui au travail, elle à la maison avec les enfants. Ils doivent maintenant partager les tâches et répartir leur temps sous un nouveau mode. Comme le disait si bien un de mes étudiants, ils sont de la génération du «à chacun son rôle mais pas n'importe lequel!».

L'augmentation du taux de divorce chez les 50 ans et plus démontre combien le défi est de taille et attaque l'image du vieux couple que plus rien ne peut ébranler. L'impact de la retraite du conjoint, si important aujourd'hui, sera-t-il moins marqué pour les couples à venir qui connaissent l'alternance travail-chômage et tentent de mieux répartir les tâches et le pouvoir?

Le rôle de grand-mère: les supermamies

La petite histoire du «grand-mériat» nous apprend que chaque époque a sa grand-mère. Les appellations ont aussi varié selon les milieux; par exemple, la bourgeoisie du XVIIIe siècle utilisait le terme de «grand-maman» ou «bonne-maman» tandis que le prolétariat avait ses «mémés». Puis la «mémère» fit son apparition, expression plutôt péjorative, qui fait référence à une personne qui n'est plus de son temps, qui est dépassée par les événements. Nous sommes maintenant à l'ère des mamies, voire des supermamies. Car s'il y a les « superwomen », il y a aussi les « supermamies ».

Le terme « mamie », relativement récent au Québec, reflète l'évolution des femmes. Il s'inscrit d'une certaine façon dans une remise en question des valeurs d'abnégation et de résignation du passé. Devenir grand-mère était alors perçu comme une finalité, une finalité de la femme qui fut... Aujourd'hui, lorsque des femmes, vers la fin de la quarantaine, ou au début de la cinquantaine, apprennent l'arrivée d'un premier petit-enfant, joie, fierté, craintes, peur de vieillir sont autant d'émotions qui se bousculent. Tout à coup, elles se voient associées à la catégorie des personnes âgées.

Plusieurs avouent qu'elles n'étaient pas prêtes à porter l'étiquette de grand-mère. Voici comment l'auteure du *Ras-le-bol des Super Women* nous parle de ces nouvelles mamies qu'elle qualifie de « sexygénaires » :

> Leurs propres enfants une fois grandis, une fois partis (quand ils acceptent de décoller), elles se retrouvent avec enfin du temps à elles et peuvent se permettre de jouer pour une fois les (gentils) monstres d'égoïsme. Les petits-enfants, elles adorent, elles en sont folles [...] mais à leurs heures. Qui ne sont pas forcément les bonnes[29] !

L'image différente, moins soumise des grands-mères ou mamies d'aujourd'hui, brise les stéréotypes. Elles sont amoureuses, sportives, coquettes, étudiantes, rigolotes. On leur envie tout le temps dont elles disposent et la relation privilégiée qu'elles entretiennent avec nos enfants. Alors que les mères somment les enfants de se dépêcher, les grands-mères leur disent de prendre leur temps.

« On a le temps de les aimer. Quand ils viennent, on fait juste ça, s'occuper d'eux : jouer, jaser. On est plus permissives, ils ne nous appartiennent pas. Aimer, regarder les petits-enfants grandir, les laisser partir... »

Les grands-mères sont souvent de véritables chroniqueuses du passé qui racontent mille et une histoires : de l'avènement de la télévision aux Noëls de jadis, en passant par les mauvais coups des parents. Elles savent répondre aux questions profondes, sérieuses. « Elle connaît les vraies choses de la vie », comme disait une petite fille de cinq ans au sujet de sa grand-mère. Les grands-mères, impuissantes devant l'univers et les épreuves qui trameront la vie de leurs petites-filles et petits-fils, investissent dans l'essentiel : l'âme et l'estime de soi.

La qualité et l'intensité des liens affectifs qui s'établissent entre les grands-mères et leurs petits-enfants dépendent de plusieurs facteurs. Nous en examinerons les principaux.

• *La relation avec les parents*

Quand il s'agit de voir leurs petits-enfants, les grands-parents sont tributaires des parents. Il n'est pas facile d'être grand-mère dans une société individualiste, où on vit chacun pour soi, à sa guise. Un avis, une confidence, un conseil risque d'être interprété comme de l'ingérence ou de l'indiscrétion. Si les enfants adultes ont tendance à vouloir prendre plus de distance par rapport à leurs mères, à vivre leur vie, les petits-enfants, eux, ont un désir profond de relations étroites et soutenues.

Dans les familles éclatées, où les parents sont séparés[30], les contacts entre grands-mères et petits-enfants dépendent complètement de l'organisation de la garde des enfants. Puisque les femmes ont plus souvent la garde des enfants, les relations avec la grand-mère maternelle seront davantage maintenues. À l'opposé, la grand-mère paternelle est parfois complètement privée des visites de ses petits-enfants.

Mais si les divorces éloignent parfois les petits-enfants de leurs grands-parents, les familles reconstituées peuvent amener d'autres petits-enfants. L'histoire de Fernande en est un exemple savoureux :

> **Grand-mère biologique de sept petits-enfants, voilà que Fernande vient d'en hériter de cinq autres du coup ! Sa fille a emménagé avec un divorcé, père de cinq enfants, des adolescents... Ça lui en fait douze maintenant. Bien qu'elle soit portée à donner plus d'affection à ses « véritables » petits-enfants, elle commence à s'attacher aux nouveaux et elle espère que ça va durer. « Mais on ne sait jamais aujourd'hui... »**

Dans un témoignage intitulé « Le vécu de la personne âgée face aux ruptures de famille », Françoise Gamache-Stanton discute de l'impact des séparations et des divorces de leurs enfants sur les femmes âgées[31]. Elle y exprime sincèrement son incompréhension face aux causes de ces séparations mais aussi de la tolérance et une grande ouverture. Les femmes de sa génération sont confrontées à de nouvelles situations, se posent plusieurs questions et doivent inventer les solutions : « Faut-il accueillir l'ancien ou le nouveau gendre ? L'ex-belle-fille fait-elle encore partie de la famille ? Faut-il fêter l'anniversaire de la fille du nouveau compagnon[32] ? »

Noyau de la famille, les grands-mères se sentent responsables de l'harmonie qui doit régner entre tout ce beau monde et de l'équilibre des petits-enfants. Elles doivent pour ce faire déployer toutes leurs ressources : amour, écoute, imagination et... humour !

● *Le lieu de résidence*

La distance géographique entre la demeure des enfants et des grands-mères influence leurs relations. L'exode des jeunes familles vers les banlieues a eu un impact négatif sur la fréquence des contacts avec les grands-parents habitant la ville.

Inversement, quand les petits-enfants habitent tout près, les visites sont plus fréquentes. « Quand ils sont près, on les connaît beaucoup mieux. On sait leurs finesses, leurs goûts, leurs idées. On les voit grandir... »

Une autre grand-mère me confiait que c'est avec regret qu'elle passe tout l'hiver en Floride pour faire plaisir à son mari qui veut prendre sa retraite au soleil. Cet éloignement est un sacrifice. « Il y a bien le téléphone, mais quelques minutes ça fait juste qu'on s'ennuie plus !

• L'âge des petits-enfants et de la grand-mère

L'âge affecte également le genre de relation qui s'établit. Lorsque les petits-enfants sont jeunes, les contacts se multiplient et les grands-mères sont davantage sollicitées pour les garder. En fait, il arrive que le dépannage devienne esclavage – une nuance entre « rendre service » et « être de service » qui tend à disparaître...

L'âge et l'état de santé des grands-mères influencent aussi la qualité et l'intensité des rapports avec les membres de la famille. Plus elles vieillissent et perdent de l'autonomie, plus elles sont isolées. De leur côté, certaines femmes très âgées ayant pour la plupart élevé de nombreux enfants ont tendance à moins s'investir comme grands-mères. « J'ai tout donné à mes douze enfants. Avec les petits-enfants, ça barre un peu. J'aime mieux y penser que les voir. »

Quand on est malade ou plus âgée, les visites deviennent exigeantes, parfois épuisantes. Elles doivent être de courte durée. Ces restrictions ne justifient pas que, dans les centres d'accueil, des grands-mères et arrière-grands-mères ayant engendré des familles nombreuses restent à attendre une petite visite qui ne vient jamais.

• *La disponibilité de la grand-mère*

Maintenant que le nombre d'enfants et de petits-enfants par famille est considérablement réduit, chaque relation devient privilégiée. Les grands-mères d'aujourd'hui, ayant investi moins de temps dans l'éducation et le soin des enfants (voir le tableau 17), s'engagent davantage auprès de leurs petits-enfants. Cette participation sera encore plus importante si la grand-mère a peu d'amis-es et peu d'activités à l'extérieur (ce qui correspond au profil de femmes qui investissent le territoire familial, décrit plus haut). Certaines femmes vont même jusqu'à organiser leur vie et leur quotidien en fonction des horaires des enfants et petits-enfants : heure de dîner, retour de l'école, relais à la garderie, achats pour le plus jeune, etc.

Même si ces cas sont marginaux et que les femmes interrogées éprouvent du plaisir à rendre service, à se sentir utile, nombre d'entre elles m'ont avoué que les demandes de gardiennage leur semblent souvent déraisonnables. De gardienne occasionnelle, souvent sollicitée à la dernière minute, elles accèdent en douce au statut de gardienne attitrée. « J'aime le faire par plaisir, non par devoir. » Ces femmes ont beaucoup de difficulté à établir des règles avec leurs enfants ou à leur demander une contribution financière. Ceux-ci ne réalisent pas le fardeau financier imposé à leurs mères, surtout celles qui vivent seules.

Locataire d'un trois pièces et demie, Carmen raconte les difficultés financières associées aux visites fréquentes et au gardiennage des enfants de sa fille. Une fois, elle a prétendu être malade pour ne pas les recevoir. Elle n'avait rien dans le frigo à leur offrir et était trop orgueilleuse pour le dire.

Les entrevues ont fait ressortir que les grands-mères se sentent responsables de leurs petits-enfants. Elles suppléent à l'absence d'un des parents, à la monoparentalité, comblent les heures où les garderies sont fermées, donnent un peu de répit au couple et à la famille.

Mais ce qui est le plus révélateur c'est qu'en gardant les petits-enfants, elles aident leurs filles (surtout) à rester sur le marché du travail, à être indépendantes. Leur dévouement s'inscrit dans la suite des sacrifices qu'elles ont faits pour leur payer des études. Elles veulent aussi leur donner un répit, leur permettre de se divertir avec leur conjoint – une chance qu'elles-mêmes n'ont souvent pas eue. Les grands-mères sont fières de parler de leurs petits-enfants, mais aussi de leurs filles : secrétaires, recherchistes médicales, avocates, etc.

Elles comblent ainsi les vides laissés par les journées pédagogiques, les heures supplémentaires, parant aux imprévus comme les maladies des enfants, etc. Ce sont les femmes qui, par leur dévouement, suppléent au manque de ressources – une contribution, un travail qui est, encore une fois, non reconnu socialement et non rémunéré.

Imposera-t-on aux femmes un rôle de mère à perpétuité ? Cette tendance commence à se faire sentir. Le Dr Kornhaber, comme plusieurs autres, insiste sur l'importance de la grand-mère dans une société axée sur la productivité qui place les parents dans une situation de non-disponibilité[33], allant même jusqu'à donner aux grands-mères toutes les vertus nécessaires pour assumer le rôle de mère.

Une de mes étudiantes, ex-intervenante à Direction de la protection de la jeunesse, me confiait qu'il était normal et courant de réclamer l'aide d'une grand-mère vivant seule avant de placer un enfant en foyer substitut. Jamais en pareilles circonstances, l'intervenant, l'intervenante n'aurait pensé solliciter l'aide du grand-père.

Au-delà du risque d'exploitation des femmes âgées, on peut voir dans cet engagement et cette disponibilité face aux petits-enfants un signe d'alliance mère-fille, afin d'améliorer la condition féminine, familiale et sociale. Et si les mères et les grands-mères s'unissaient pour revendiquer une politique familiale et des services de garde adaptés aux besoins actuels ?

Les soins aux parents très âgés

Avec le vieillissement de la population et le manque de ressources institutionnelles, un nombre croissant de personnes âgées de 75 ans et plus (surtout des femmes) vivent à domicile. Selon les projections statistiques présentées au chapitre 1, 45 % des personnes âgées en l'an 2001 auront 75 ans et plus, à raison d'un peu plus de 100 femmes pour 50 hommes. Tout porte à croire que ces personnes vivront aussi longtemps que possible chez elles ; c'est ce qu'elles souhaitent et ce que les services sociaux et de santé préconisent, par le biais du programme de maintien à domicile (dit MAD). Mais les ressources publiques ne sont pas illimitées, loin de là. Qui doit combler les besoins négligés par le réseau public de soins et de services ? Qui assiste ces personnes très âgées dans le quotidien ? Les « aidants naturels », ou plus exactement les « aidantes naturelles » : leurs filles de 50 à 65 ans et parfois même de 70 ans...

Nous savons qu'environ 35 % des personnes âgées qui vivent encore à domicile, soit le tiers d'entre elles, ont des limitations fonctionnelles[34]. Chez les femmes tout particulièrement, le nombre moyen d'années d'incapacité s'élève à onze (dont 1,8 sera passée en institution[35]). Garant et Bolduc ont démontré que le système de santé ne répond qu'à 20 % des besoins d'aide des personnes âgées (6,7 % par l'hébergement et 12 % par les services de maintien à domicile des CLSC). Le reste est donc assumé par les réseaux de soutien informels, soit les familles et les groupes communautaires d'entraide[36]. La famille prodigue entre 70 et

85 % de l'aide nécessaire et, dans 75 % des cas, «la famille», ce sont des femmes âgées entre 40 et 65 ans. Et on continue à déplorer le désengagement des proches! Chose surprenante, 52 % de ces «aidantes naturelles» sont sur le marché du travail[37].

Des *superwomen*, ou plutôt déjà des supermamies... Ainsi, entre le boulot et le dodo, le temps consacré à la famille immédiate – conjoint retraité et enfants adultes –, il y a le gardiennage des petits-enfants et les soins aux vieux parents!

> « Laisseriez-vous malprise votre mère de 82 ans qui vit seule et a été malade toute la nuit? Non! Vous iriez la voir avant d'aller travailler ou au plus tard à l'heure du dîner pour changer son lit et lui faire une soupe. Et vous retourneriez peut-être le soir avant d'aller faire le souper de votre famille. »

Ce qui alourdit la tâche des femmes concernées, c'est que le nombre d'enfants par famille diminue et que l'aide apportée est étroitement associée à la division sexuelle des tâches. Ainsi, les fils se chargent des questions financières et de la gestion des immeubles (s'il y a lieu) et les filles, des travaux ménagers et autres tâches répétitives[38] : leur aide commence par l'entretien ménager, le lavage, l'épicerie, quelques repas, et va jusqu'aux soins d'hygiène.

Les femmes assument les charges et les responsabilités qui tolèrent le moins de délais dans leur réalisation et impliquent un contact physique. À ces tâches essentielles s'ajoutent l'écoute, l'accompagnement, les démarches auprès des services de santé et des services sociaux. En fait, comme le notait Rita Therrien, il s'agit encore là d'activités liées aux rôles maternel et domestique[39].

> Claudette a gardé et pris soin de deux femmes âgées chez elle: sa mère et sa belle-mère, l'une de 90 ans et l'autre de 80 ans. À cette époque, elle vivait avec son époux et son plus jeune fils. Elle travaillait six jours à temps plein.

Célibataire et infirmière, Jocelyne est toute désignée pour s'occuper de sa mère ! D'autant plus qu'elle est la seule fille d'une famille de trois enfants. Sa mère habite au-dessus de chez elle, ce qui facilite l'échange de services. Ce rôle d'aidante lui a été accolé une fois pour toutes dans la famille, si bien qu'on ne l'invite plus jamais sans sa mère.

Les personnes aidantes, si courageuses et admirables soient-elles, se prêtent peu aux entrevues. Elles se sentent jugées et évaluées par rapport aux soins qu'elles donnent. Une constante : la majorité ont peur de vieillir et ne veulent absolument pas que leurs enfants prennent soin d'elles plus tard ou les gardent à la maison.

La dépendance de parents âgés engendre de multiples conflits entre les générations de même qu'entre frères et sœurs. Le manque de temps oblige la soignante à établir des priorités parmi les demandes des membres de sa famille (mari/enfants), ce qui crée des tensions au plan émotif. Ce renversement des rôles parents-enfants, mère-fille suscite des sentiments de culpabilité, de honte, d'amour, mais aussi des manifestations d'impatience et de violence. Tout comme dans la situation où la femme soigne son mari malade, il n'est pas rare que les aidantes naturelles se retrouvent dans un état d'épuisement, de dépression.

Pour remédier à cet épuisement, les solutions qu'elles identifient sont, dans l'ordre, la reconnaissance de leur rôle de soutien, des services de répit, de l'assistance et un meilleur partage des responsabilités avec la fratrie et le réseau institutionnel[40]. Or les types d'intervention développés en priorité sont centrés sur l'information et l'éducation des soignantes[41]. Ces programmes visent le support mutuel – l'entraide – mais surtout le renforcement des compétences. Il ne s'agit plus d'apprendre comment être une bonne mère et prendre soin de ses enfants, mais bien comment être une bonne aidante et prendre soin de ses parents vieillissants. À la psychologie des enfants et à la pédagogie succèdent la psychologie des personnes âgées et la gérontologie !

Les femmes préretraitées et retraitées, de même que leurs mères très âgées qui sentent qu'elles causent des soucis à leur fille et en souffrent, ne font-elles pas les frais d'un manque de politiques sur le vieillissement ? Tout comme dans le cas des services de garde des jeunes enfants et du manque de ressources adaptées aux personnes souffrant de déficiences et de handicaps, les femmes assument une fois de plus une responsabilité familiale non reconnue et non rémunérée.

Et du train où vont les choses les *baby boomers* n'y échapperont pas.

Chapitre 4

LES FEMMES ET LA RETRAITE

Dans ce dernier chapitre, nous examinerons la question du rapport des femmes au travail salarié, tout particulièrement au moment où elles prennent leur retraite. Compte tenu de l'ampleur des responsabilités familiales des femmes, on a longtemps sous-estimé l'importance du travail (rémunéré) dans leur vie. De plus, puisqu'il y a continuité dans leurs rôles familiaux, on minimise conséquemment l'impact de leur retraite. Ainsi, le rôle familial continu et plus actif des femmes rendrait la transition vers la retraite plus aisée et la rupture serait moins brutale pour elles.

Ce préjugé tenace dénote une méconnaissance de la réalité féminine du travail et explique le peu d'études spécifiques sur le sujet. Les modèles traditionnels qui servent de référence sont basés essentiellement sur le vécu des hommes. Or l'expérience de la retraite est différente pour les hommes et les femmes, tant au niveau des causes et des circonstances entourant la retraite qu'au niveau de ses conséquences. On constate d'ailleurs que c'est souvent à cause des exigences familiales que les femmes prennent (à regret, pour plusieurs) une retraite anticipée.

Nous aborderons en premier lieu le rapport des femmes au travail et les circonstances entourant la retraite. Nous discuterons ensuite de l'impact de la retraite sur les femmes en termes d'adaptation à un nouveau style de vie.

LE RAPPORT DES FEMMES AU TRAVAIL

Les conditions de travail

La main-d'œuvre féminine représentait en 1992 45 % de la population active, comparativement à 30 % en 1965[1].

Si la percée plus définitive des femmes sur le marché du travail, « le boom féminin », est relativement récent, il ne faut pas oublier que celles qui travaillaient durant les années 1960, qui étaient alors âgées de 30 à 55-60 ans, sont les retraitées d'aujourd'hui. Les conditions de travail, et de retraite, de ces femmes présagent celles des générations à venir et se caractérisent par une participation cyclique au marché du travail et la précarité des emplois…

La majorité des femmes retraitées ont travaillé avant de se marier et d'avoir des enfants. Plusieurs, particulièrement celles qui ont 70 ans et plus, sont entrées prématurément sur le marché du travail, par nécessité, pour aider leur famille, laissant leurs études dès le cours primaire. C'est le cas de Marie-Rose.

Née en 1918, Marie-Rose était l'aînée d'une famille de douze enfants et a dû quitter l'école à dix ans pour aider sa famille. À l'âge de douze ans, on falsifie des papiers pour qu'elle puisse travailler et contribuer à faire vivre la famille. Comme bien des familles québécoises, les siens déménagent à Montréal, où elle trouve un emploi bien rémunéré dans un laboratoire. Par la suite, elle travaillera dans une imprimerie puis dans des restaurants jusqu'à ce qu'elle rencontre l'homme de sa vie et se marie à vingt-deux ans.
Après la naissance du premier enfant, elle demeure à la maison quinze ans : « À l'époque, il n'était pas question de gardiennes. » Puis, au début de la quarantaine, elle retourne sur le marché du travail où elle exercera plusieurs

métiers : couturière, vendeuse, serveuse et coiffeuse. « Le travail que j'ai fait en dehors a toujours été pour ma famille, mes parents, mes enfants. Moi-même, je ne suis pas très exigeante pour ma personne. »

La trajectoire de Marie-Rose est typique quant à la séquence d'arrêts et de retours au travail et quant aux types d'emplois exercés. En fait, les difficultés financières des femmes âgées, même celles qui ont travaillé, sont la conséquence directe de leur situation précaire sur le marché du travail. Encore aujourd'hui les principales professions exercées par les femmes se situent dans des catégories d'emploi sous-payées, non syndiquées et sans régime de pension pour la plupart. Ces professions sont, par ordre décroissant, secrétaires, commis-vendeuses, commis comptables, caissières, infirmières, serveuses, institutrices (école maternelle et primaire), employées de bureau, réceptionnistes et femmes de ménage[2].

L'histoire de Noëlla illustre l'absence de reconnaissance du travail des femmes de sa génération.

Plutôt instruite, Noëlla a pris en charge la direction de la caisse populaire de son village qui était menacée de fermeture. Elle fut gérante pendant quinze ans. Au début, elle en a occupé les fonctions mais sans en porter le titre, jusqu'en 1964, seules les femmes célibataires ou veuves avaient le droit d'être gérantes. « C'est mon mari qui portait le titre et c'est moi qui faisais l'ouvrage. » Après deux hold-up consécutifs en 1975, elle laisse son emploi qu'elle aimait beaucoup, à la demande de son mari et de ses enfants. Au moment de son départ, elle gagnait 180 $ par semaine. Son remplaçant, un homme, a eu droit à un salaire hebdomadaire initial de 210 $, presque une journée complète de salaire de plus.

Même les femmes qui exercent des professions reliées à la fonction publique ne sont pas si choyées. L'effet combiné des années sans travail et du travail à temps partiel est extrêmement désavantageux.

Nicole a 48 ans, elle est mariée et a deux adolescents. Elle exerce le métier d'infirmière auxiliaire depuis 30 ans, 15 ans à temps partiel et 15 ans à temps plein. Il y a eu des périodes où elle ne payait pas de rentes et elle a souvent repris ses cotisations en changeant d'emploi. Son régime de pension actuel fait état de six ans d'ancienneté. Donc, à 65 ans, si elle continue de travailler au rythme actuel (7 jours sur 10), elle aura cumulé 17 années de service, ce qui lui donnera droit à 34 % de son salaire au taux actuel, soit 7 480 $ par année, après une vie de travail.

Sommes-nous vraiment en meilleure position que nos mères? Il y a certes une plus grande reconnaissance de notre place sur le marché du travail (ont-ils le choix?), la possibilité de continuer à travailler tout en ayant des enfants (à quel prix?), mais les inégalités salariales résistent au temps. Les données du recensement de 1991 démontrent que les 1 599 370 Québécoises ayant un revenu d'emploi gagnaient en moyenne 17 428 $ par rapport aux 1 983 550 travailleurs ayant un revenu d'emploi moyen de 28 289 $. De façon plus précise, les salariés à temps plein ont un revenu moyen de 24 801 $ s'ils sont des femmes et de 36 079 $ s'ils sont des hommes[3].

Le tableau 18 expose clairement comment s'exercent les inégalités salariales, inégalités qui augmentent avec l'âge. Les femmes de 55 ans et plus travaillant à temps plein sont pénalisées par rapport aux hommes de leur génération, elles gagnaient, en 1990, 62,4 % du salaire masculin et ce pourcentage baissait encore à 58 % chez celles de 65 ans et plus.

En analysant ces données, on constate aussi que l'écart salarial diminue avec la scolarité. Ainsi les diplômées universitaires de tout âge gagnent en moyenne 72 % du salaire des hommes ayant le même niveau de scolarité[4]. Comme le notait une mère qui avait consenti bien des sacrifices pour faire instruire ses en-

Tableau 18				

GAINS ANNUELS MOYENS DES TRAVAILLEURS
SELON LE SEXE ET LE GROUPE D'ÂGE, AU QUÉBEC, EN 1990

Groupe d'âge	Gains annuels moyens			
	Femmes		Hommes	
	nombre	moyenne $	nombre	moyenne $
15 ans et plus	1 599 370	17 428	1 983 550	28 289
– ayant travaillé toute l'année à plein temps	715 175	24 801	1 128 870	36 079
15-24 ans	291 225	8 217	323 395	10 050
– temps plein toute l'année	65 485	16 301	74 825	19 420
25-34 ans	473 460	18 146	553 145	26 070
– temps plein toute l'année	234 125	23 844	337 710	31 279
35-44 ans	427 745	21 132	507 380	34 948
– temps plein toute l'année	223 325	27 347	347 150	39 522
45-54 ans	268 530	20 484	354 045	37 067
– temps plein toute l'année	138 730	26 643	240 735	41 689
55-64 ans	114 620	17 520	200 605	32 274
– temps plein toute l'année	48 455	24 371	113 895	39 049
65 ans et plus	23 790	14 341	44 975	24 730
– temps plein toute l'année	5 050	20 296	14 550	34 955

Source : Statistique Canada, *Certaines statistiques sur le revenu*, avril 1993, p. 86-87.

fants : « Est-il juste que nos filles, après des études universitaires, ne gagnent que les deux tiers du salaire de nos garçons ? » Même s'il y a progrès par rapport à la situation de nos aînées, le principe « à travail égal, salaire égal » reste un vœu pieux.

Les réflexions et constats sur le rapport des femmes au marché du travail ne peuvent se limiter à des considérations économiques. Les femmes travaillent par double nécessité : celle de gagner leur vie et celle de se réaliser, de se développer sur le plan personnel et social. Les femmes qui se sont investies entièrement dans leur famille pendant dix, douze et quinze ans, ressentent très fortement ce besoin de réalisation personnelle par le travail. Ayant souvent réintégré le marché du travail dans la quarantaine, elles désirent poursuivre une carrière bien à elles encore quelques années.

Fleurette a commencé sa carrière d'enseignante à 43 ans, après son huitième enfant. Femme instruite, cultivée et pleine d'énergie, la retraite fut pour elle très difficile à accepter. Elle a beaucoup pleuré le jour de ses 65 ans.

Cette volonté d'entreprendre et de poursuivre une nouvelle carrière à 45, 50 ans n'est certes pas partagée par ces femmes qui ont dû trimer dur de longues années pour faire vivre leurs enfants à cause de la maladie ou du décès de leur conjoint. L'un ou l'autre aspect de la double nécessité survie-développement personnel s'avère déterminant selon les circonstances et les conditions de vie de chacune.

L'accès au travail pour les femmes de tout âge reste crucial dans la lutte contre la dépendance économique, l'isolement social, le manque de confiance en soi. En contrepartie, les femmes écopent de la double, et parfois triple, journée de travail. Avec les exigences actuelles, il est de plus en plus difficile de tout concilier : travail, vie conjugale, enfants, entretien ménager[5]. Les *superwomen* et les supermamies sont essoufflées.

Comme s'interroge Michèle Fitoussi, *superwomen* ou super poires ?

> À peine le temps de savourer notre liberté toute neuve durement gagnée sur le front du féminisme, qu'on s'est bêtement retrouvées seules en piste. Avec tout sur les épaules, comme Atlas portant le monde. Infatigables, insatiables, on a voulu mettre les bouchées doubles, rattraper toutes ces années gâchées à « ne rien faire », ne rien louper. On s'est lancées d'un seul élan dans nos nouveaux acquis, boulot à corps perdu et sexe à corps joie, tout en conservant précieusement le vieil héritage de nos aïeules : bonnes mères, bonnes épouses, bonnes maîtresses de maison. Beaucoup pour un seul être. Mais on n'a pas craqué, on a crâné. Et poussé la barre plus

haut. Mode, art, littérature, beauté, politique, etc. On a voulu être partout et exceller en tout. On ? Nous, bien sûr. Nous toutes ces Super Women, dont le mot d'ordre obligé est de tout concilier [...]. Car entendons-nous bien. Ce ras-le-bol qui fait qu'on en a assez d'assumer une demi-douzaine de vies à la fois ne signifie nullement qu'on veuille baisser les bras. Une chose au moins est claire : NOUS NE RENTRERONS JAMAIS À LA MAISON. La vie à l'extérieur est notre deuxième poumon. Qu'on débranche, et c'est l'asphyxie.

On voudrait simplement un peu de temps à nous, sans efforts, sans contraintes. On voudrait quelques fois pouvoir dire : « Je ne joue plus. [...]. J'ai envie de souffler[6]. »

Malgré la discrimination dans l'embauche et dans les salaires, malgré les pressions sociales, l'insertion des femmes sur le marché du travail est un processus sans retour...

Prendre sa retraite

Notre histoire de travail, les emplois que nous avons occupés conditionnent notre état de santé, notre statut social et bien sûr notre retraite. Bien que la réalité soit multiforme et complexe, nous pouvons dégager trois cheminements typiques de travail rémunéré chez les femmes qui sont déjà retraitées ou au seuil de la retraite. Il y a :

– celles qui ont travaillé toute leur vie pour subvenir à leurs besoins et à ceux de leur famille (surtout les femmes célibataires, veuves, séparées, divorcées, monoparentales) ;

– celles qui ont travaillé par périodes, par cycles de vie, avant et après l'éducation des enfants ;

– celles qui ont travaillé avant de se marier ou avant la naissance du premier enfant (qui ne sont jamais retournées sur
le marché du travail).

Si les premières arrivent à la retraite «épuisées», «brûlées»
par des conditions de travail et de vie difficiles, les secondes
n'ont pas toujours atteint les objectifs qu'elles s'étaient fixés en
retournant travailler. Le moment de la retraite arrive de plus en
plus tôt et n'est pas toujours librement choisi, ce qui influencera
l'adaptation à ce nouveau mode de vie.

On se retire du marché du travail de plus en plus prématurément ; le tableau 19 fait ressortir la diminution considérable du
taux d'activité chez les 55 ans et plus. S'intéressant au travail des
femmes âgées, Aline Charles constate d'ailleurs que, si on tient
compte uniquement des activités rémunérées, une poignée de
femmes seulement sont concernées. Pour sa part, dans ses
travaux de recherche, elle englobe dans la notion de travail,
outre le travail salarié, le travail bénévole et celui des religieuses,
ce qui donne un portrait beaucoup plus juste de la contribution
des femmes âgées que celui fourni par les données statistiques
disponibles qui se limitent aux critères traditionnels[7].

En 1990, alors que le taux d'activité moyen de la population
âgée de 25 à 54 ans était d'environ 85 %, le nombre de personnes
actives de 55 à 64 ans chutait à moins de 50 %. Ainsi, une personne âgée de 55 à 64 ans sur deux ne faisait plus partie de la
population active, et ces personnes étaient majoritairement des
femmes.

Le tableau 19 révèle donc que ce sont les femmes qui laissent
en plus grand nombre le marché du travail à cette période de la
vie[8]. Si près de 75 % des femmes de 25 à 54 ans sont actives sur
le marché du travail, cette proportion tombe radicalement à 35 %
chez les femmes de 55 à 64 ans, alors qu'elle est de 67 % chez les
hommes du même âge. Pourquoi ?

L'âge de la retraite est précoce, surtout dans le contexte économique actuel, où les travailleurs et travailleuses «sont invités»
à prendre des retraites anticipées. Ces considérations
n'expliquent pas pour autant pourquoi les femmes se retirent
davantage du marché du travail entre 55 et 64 ans. Situation
d'autant plus surprenante qu'il s'agit d'une réinsertion tardive
pour plusieurs d'entre elles.

Il faut voir que la majorité des femmes de ce groupe d'âge
sont mariées. Leurs conjoints, souvent plus âgés et déjà retraités
ou sur le point de l'être, insistent pour qu'elles aussi arrêtent de
travailler. Les études démontrent que les femmes invoquent
d'ailleurs la retraite de leur conjoint comme premier motif pour
quitter leur emploi[9]. Mes entrevues corroborent ces données,
les femmes que j'ai rencontrées ont presque toutes subi des
pressions plus ou moins fortes de la part de leur mari en ce sens.
Considérant leur cheminement au travail, elles n'étaient
pourtant pas disposées à envisager la retraite.

Une autre conséquence des antécédents professionnels des
femmes – carrière interrompue et relativement courte – est que

Tableau 19

TAUX D'ACTIVITÉ DES PERSONNES DE 55 ANS ET PLUS
SELON LE GROUPE D'ÂGE ET LE SEXE, AU QUÉBEC, EN 1990

Groupe d'âge et sexe	Population totale	Population ayant un revenu d'emploi	
	Nombre	Nombre	Taux d'activité (%)
55 à 64 ans	632 010	315 225	**49,8**
Hommes	301 655	200 605	66,5
Femmes	330 355	114 620	34,7
65 ans et plus	706 260	68 765	**9,7**
Hommes	292 570	44 975	15,4
Femmes	413 690	23 790	5,8

Source : Statistique Canada, *Certaines statistiques sur le revenu*, 1993, catalogue
93-331, p. 86-87.

nombre de femmes d'âge mûr considèrent leur expérience comme un défi particulier ; elles ne sont pas prêtes financiè- rement et psychologiquement à prendre leur retraite lors- qu'elles atteignent l'âge de la retraite ou quand leur conjoint prend sa retraite[10].

Ainsi les considérations menant à la décision de prendre sa retraite varient considérablement selon le sexe. Les régimes de retraite, l'âge et l'état de santé motivent davantage les hommes à se retirer tandis que les femmes invoquent des raisons d'ordre familial : retraite du mari, maladie d'un membre de la famille. Nous verrons dans la prochaine section que ces circonstances affectent l'adaptation des femmes, surtout au cours de la pre- mière année de la retraite.

La diminution de la population féminine âgée de 55 à 64 ans ayant un revenu d'emploi s'explique aussi par les difficultés auxquelles se heurtent les travailleuses âgées sur le marché du travail. Tout d'abord, n'oublions pas qu'un nombre important de femmes travaillent au noir pour joindre les deux bouts : ménage, couture, cuisine, etc. Ensuite, les travailleuses âgées sont d'autant plus vulnérables qu'elles possèdent peu de scolarité et quelques années d'expérience éparses. À l'âgisme, préjugé à l'égard des employés âgés considérés comme moins performants et plus réfractaires aux changements, s'ajoute le sexisme. Plusieurs emplois « féminins » sont associés à la jeunesse et à la beauté : serveuse, caissière, réceptionniste, etc. De plus, les femmes, surtout celles de plus de 50 ans, sont perçues comme n'ayant qu'un intérêt secondaire pour le travail. Or, compte tenu de la situation financière des femmes âgées de 55 à 64 ans tout particulièrement, et de 65 ans et plus, il ne s'agit pas d'un « petit surplus », « d'un revenu d'appoint ».

Qu'en est-il du droit au travail des femmes vieillissantes ? Les employeurs savent bien que les femmes, surtout les plus âgées, sont peu enclines à exercer leurs droits et à recourir aux organismes habilités lorsqu'elles sont victimes de discrimination en raison de leur âge et de leur sexe. À l'opposé, certaines entreprises, conscientes des besoins financiers et psychosociaux des femmes âgées, voient dans ce groupe cible une main-d'œuvre responsable, fiable et à bon marché. Ce phénomène, particulièrement observable aux États-Unis, se répand chez nous[11]. Il est de plus en plus fréquent, dans certaines chaînes de restaurants et dans l'hôtellerie par exemple, de se faire servir par des employées âgées. S'agit-il d'une nouvelle tendance?

DES RETRAITÉES ACTIVES ET DYNAMIQUES

L'adaptation à la retraite

Nous venons d'effectuer un survol des circonstances particulières entourant la mise à la retraite des femmes. Quelles en sont les conséquences? Comment les femmes s'adaptent-elles à ce mode de vie qui marquera leurs quinze à vingt dernières années? Vivent-elles cette étape de la même manière que les hommes?

Répétons-le, au niveau financier, les femmes sont plus vulnérables que les hommes. La retraite, compte tenu de leur accès limité aux rentes de retraite, implique une baisse importante de leurs revenus et de leur niveau de vie. Mieux nanties quand même que celles qui n'ont jamais travaillé, elles acceptent de composer avec cette réalité.

Il en va autrement des conséquences de la retraite au niveau psychosocial; les ajustements s'avèrent particulièrement difficiles pour les femmes chez qui des événements familiaux ont précipité la retraite.

Encore une fois, cette conclusion souligne l'importance des
événements familiaux pour la retraite des femmes ; elle démontre aussi que l'accommodement à la retraite du conjoint ou
les soins à donner aux parents amènent les femmes à prendre
leur retraite à un moment qui ne leur convient pas et elles en
gardent du ressentiment, ce qui en fin de compte se manifeste
par un ajustement moindre. D'autre part, si les femmes ne
prennent pas leur retraite en même temps que leur conjoint,
ceux-ci ont de plus grandes difficultés à s'ajuster à leur rôle de
retraité[12].

L'alternative se poserait ainsi pour les conjointes : « Ou je
me sacrifie ou tu vis plus de difficultés d'adaptation ! »

Les chercheurs Adams et Lefebvre ont étudié les répercus-
sions de la retraite sur la santé des hommes et des femmes[13]; ils
ont comparé les taux des mortalité d'une cohorte de 15 260
hommes et 5 632 femmes à la retraite à ceux d'un groupe de travailleurs d'âge correspondant. Leurs résultats démontrent que le
taux de mortalité des hommes est faible pour la première année
de la retraite mais augmente au cours de la deuxième et de la
troisième année.

Les résultats divergent considérablement pour les femmes
retraitées : leur taux de mortalité au cours de la première année
augmente grandement mais diminue au cours de la deuxième et
de la troisième année. Serait-ce que les étapes d'adaptation à la
retraite se vivent différemment chez les hommes et les femmes ?

Tout porte à le croire. Pour les hommes, la première année de
retraite où ils « envahissent » la maison représente une période
de vacances bien méritée à laquelle par contre succède l'énorme
difficulté de réorganiser sa vie autour de nouveaux centres
d'intérêt. De leur côté, les femmes qui se retirent plus jeunes
acceptent difficilement les circonstances menant à leur retraite.
C'est au cours de la première année qu'elles réagissent le plus
fortement à cette perte. Une fois cette perte encaissée, elles
réorganisent avec plus de dynamisme leur vie de retraitée.

Si elles sont plus vulnérables financièrement, les femmes possèdent d'autres atouts importants. Elles ont une grande capacité à organiser et à mener de front des activités variées, autres que le travail salarié – un atout qui fait défaut aux hommes retraités. En fait, ces ressources et habiletés plus typiquement féminines sont l'héritage des multiples rôles et responsabilités que les femmes ont assumés au cours de leur vie adulte.

Autre avantage des femmes retraitées, les amitiés féminines résistent mieux au temps. Si les liens noués au travail ont généralement tendance à se rompre à la retraite, il semble que ce soit moins vrai pour les femmes. Leurs amitiés, même celles issues du milieu du travail, recèlent un caractère plus intimiste et plus durable. Les femmes ne sont pas liées uniquement par les tâches et les activités qu'elles partagent.

«On vieillit comme on a vécu» : c'est ce qu'affirment les tenants de la théorie de la continuité en gérontologie[14]. Une fois acceptée, la retraite chez les femmes (dans leur style de vie et activités privilégiées) reste étroitement associée à la personnalité de chacune, à ses caractéristiques socioprofessionnelles, en autant que son état de santé et la situation familiale gardent une certaine stabilité. La continuité des rôles familiaux n'assure pas une transition plus facile à la retraite mais elle dessine une trame de fond favorable à l'adaptation.

«Bachelières ès arts de faire», pour reprendre l'expression de Marie-Marthe Brault, les femmes âgées ont acquis des connaissances et des compétences utiles à une retraite qui ait valeur et sens, pour elles et pour ceux qui les entourent.

L'apport inestimable des femmes âgées

Yvette a contribué à la rédaction et à la production d'un livre commémorant l'histoire de son village. Ce travail de recherche bénévole l'a occupée pendant trois ans. Elle a dû visiter d'autres paroisses, rencontrer des résidents, recueillir des photos, etc. Elle adore la lecture et les activités intellectuelles.

Lise, jeune retraitée de 60 ans, habite près d'un terrain de camping qu'elle fréquente assidûment. Elle organise des activités de pétanque, des soirées, etc. Personne dynamique et enjouée, elle fabrique aussi son vin. Elle vit modestement avec son conjoint et est très consciente que lorsqu'il partira elle aura du mal à garder son chez-elle.

Nicole, professionnelle en intervention sociale, a gardé des liens avec son milieu de travail : elle supervise des stagiaires. Cette retraite à temps partiel lui convient parfaitement.

Rita a 79 ans et elle est du type pantouflarde. Elle aime s'occuper de la maison et prendre soin de ses petits-enfants. Elle « popote » et prépare des petits plats pour son petit-fils qui va à l'université et confectionne des robes qui enchantent sa petite-fille. Les gâter, c'est sa joie de vivre.

Gertrude est âgée de 64 ans et vit seule dans un logement bien aménagé. Ses seuls revenus sont la rente de conjoint survivant et l'allocation à la veuve. Malgré ces restrictions financières, elle réussit à participer à plusieurs activités. Membre du Cercle des fermières, elle s'adonne au tissage et prend des cours de peinture. Elle se déplace en métro et en autobus. Depuis la mort de son mari, elle est plus libre de sortir. Elle a maintenant un agenda bien rempli.

La retraite des femmes a plusieurs visages. Elles sont rayonnantes, elles s'activent, elles s'ennuient, elles s'aventurent et découvrent. Après la bousculade du travail, les horaires de toute la famille à concilier, il y a enfin un temps pour la contemplation. Tout en demeurant à l'écoute des besoins des leurs, les retraitées cherchent aussi à se garder un espace personnel...

Je pense à Jeanne qui a décidé d'apprendre à conduire à 69 ans pour enfin être autonome et aller où elle veut quand elle veut. Cossette s'est adonnée à la peinture et à la musique, après avoir élevé une famille de cinq enfants. La retraite devient l'occasion de développer des talents délaissés, de s'instruire, de se divertir, de s'engager dans des associations, d'être utile.

Dans un article intitulé « Deuxième début », Marie-Thérèse Bournival présente des femmes qui amorcent une seconde carrière à 50 ans et d'autres qui entreprennent un baccalauréat à 70 ans[15]. Témoigner des formes de retraite active vécues par les femmes c'est abattre les vieux préjugés de la passivité, et de la vieillesse imposée et subie.

Ainsi, plusieurs femmes âgées s'investissent et s'engagent dans la communauté, venant en aide aux plus démunis, aux plus âgés.

N'ayant jamais travaillé à l'extérieur du foyer, Mathilde trouve sa raison de vivre dans le bénévolat qu'elle fait auprès de « ses petits vieux du centre d'accueil ». Elle apprécie le contact direct et leur chaleur humaine.

Selon Carpentier et Vaillancourt, auteurs d'une vaste enquête sur l'activité bénévole, les personnes âgées de 55 ans et plus accomplissent 25 % des heures totales de travail bénévole[16]. S'intéressant également à cette contribution des aînés, Marie-Marthe Brault a rencontré des bénévoles retraités dans de multiples associations, et ses rapports de recherche font ressortir le bien-être psychologique que les bénévoles retirent de leur engagement dans la communauté[17].

Le bénévolat a beaucoup évolué, celui des femmes âgées aussi. Il ne correspond plus à l'image des dames patronnesses. Les bénévoles grisonnantes d'aujourd'hui ne se limitent pas à donner quelques heures à une organisation ou à remplir une tâche spécifique : elles posent des questions, s'engagent. Elles sont critiques et veulent un changement.

> Les femmes ont appris à s'affirmer à travers le bénévolat organisé. S'il y a longtemps qu'elles font partie des conseils d'administration, ce n'est que plus récemment qu'elles en ont pris les commandes [...][18].

Que serait le mouvement des retraités sans Mme Lise Lebrun qui a présidé l'Association des clubs d'âge d'or du Québec et Mme Margot H. Charlebois qui a dirigé la Concertation des associations de retraité(es) du Québec et l'Association internationale des aîné(es) francophones? Mme Charlebois siège maintenant au Conseil consultatif national sur le troisième âge. Elle signait à l'été 1992 un éditorial sur l'engagement sociopolitique des personnes âgées et leurs pouvoirs[19]. J'ai eu la chance de travailler sur plusieurs dossiers avec elle et j'ai pu apprécier sa vitalité, sa persévérance et sa sensibilité. Conférencière invitée dans un de mes cours à l'université, elle m'avait surprise en parlant très peu d'elle et de ses réalisations mais en s'intéressant aux personnes de l'auditoire... leur disant, surtout aux filles, que le plus important c'est d'acquérir l'estime de soi.

Parmi les leaders qui influencent la société et tout particulièrement les gouvernements en place, Yvette Brunet a aussi laissé sa marque dans la défense des droits des personnes âgées. Présidente de l'Association québécoise pour la défense des droits des pré-retraités-es et retraités-es du Québec (AQDR), elle sait faire entendre sa voix et bénéficie d'une grande crédibilité auprès des aînés, de la population, des médias et des décideurs publics.

Les femmes sont majoritaires dans les associations et groupes populaires mais elles n'y figurent pas qu'à titre de membres passives. Elles organisent les activités, revendiquent des services et du financement, mènent des dossiers complexes. Elles se font de plus les porte-parole privilégiées des revendications des retraités.

Il y a une étonnante continuité de même qu'une convergence entre les revendications des féministes et celles des personnes âgées. Comme le mouvement des femmes, dont certaines retraitées ont été les instigatrices ou les témoins actifs, le mouvement des retraités revendique l'indépendance et la reconnaissance sociale : « La femme âgée elle aussi revendique un rôle, un statut, une reconnaissance, et lutte pour son indépendance, son autonomie[20]. »

CONCLUSION

J'ai voulu dresser le profil de vie des femmes qui atteignent ce qu'on appelle curieusement l'âge d'or. Au-delà des statistiques disponibles, souvent inquiétantes, parfois alarmantes, j'ai voulu parler d'une foule d'actrices sociales oubliées : bénévoles, grands-mères, épouses, artistes, sportives, étudiantes, etc.

La vie des femmes âgées n'est pas que maladie, pauvreté, solitude et abus. Ces réalités marquent leur quotidien, particulièrement au quatrième âge, mais ne sont pas toute leur vie. Tout compte fait, leur principal handicap c'est notre attitude, nos préjugés, notre indifférence. Les régimes de retraite, la recherche médicale et l'organisation des services de santé, négligent les besoins des femmes vieillissantes. Mais le message est ambigu et contradictoire : d'une part, la société en fait des citoyennes de seconde zone et, d'autre part, elle sollicite leur apport, leur générosité pour s'occuper des autres...

Il y a lieu de se demander si ces femmes ne sont pas en train de faire les frais du désengagement de l'État en fournissant gratuitement aide et services à leurs proches. Elles sont particulièrement actives dans le domaine de la santé où elles prodiguent des soins soutenus à leurs conjoints malades et/ou parents en perte d'autonomie. Elles demeurent très présentes en tant qu'éducatrices, en gardant leurs petits-enfants, en dispensant des conseils et des services de dépannage à leurs propres enfants. Enfin, dans le domaine social, elles s'engagent dans les organisations communautaires et bénévoles, prennent la parole et revendiquent leurs droits.

Leur besoin d'action et leur goût de liberté doivent s'ajuster aux contraintes familiales et elles arrivent difficilement à concilier dévouement, autonomie et indépendance. Les ruptures et les échecs dans les relations familiales et de couples affectent particulièrement celles qui ont surinvesti cet aspect de leur vie...

Cependant, avec tous les changements que la société a connus, est-ce qu'on peut imaginer que les «vieilles» de demain seront différentes de celles d'aujourd'hui ?

Les femmes qui prendront leur retraite en l'an 2015 font partie de la génération des *baby boomers*. Elles ont vécu une période charnière dans le mouvement d'émancipation des femmes : accès aux études, au marché du travail, à la contraception, etc. Pourtant, même si le travail rémunéré a fait partie de leur quotidien, leurs revenus à la retraite (leurs rentes) s'annoncent plutôt minces à quelques exceptions près. Nombreuses à n'avoir travaillé qu'à temps partiel, leurs revenus d'emploi reflètent entre autres la discrimination salariale entre les sexes. De plus, ces femmes dans la quarantaine ne peuvent compter sur leur conjoint pour assurer leur avenir, la sécurité de leur vieillesse... Les divorces et la monoparentalité ont eu un effet dévastateur sur ce groupe de femmes. Plusieurs d'entre elles ont été obligées de travailler dur pour gagner leur vie et subvenir aux besoins de leurs enfants, bref, à tout mener de front. Quand elles arriveront massivement à la retraite, quel sera leur état de santé ? Seront-elles disponibles et intéressées à une retraite « active », dynamique et revendicatrice ?

Qu'en sera-t-il de la génération qui les suivra, ces jeunes femmes que les *baby boomers* taxent volontiers de traditionalistes et de conservatrices ? Particulièrement touchées par la situation économique difficile et le chômage, elles n'ont certes pas le cœur aux grandes causes. Elles veulent survivre à leurs dettes, travailler et avoir une famille. La situation de leur compagnon est tout aussi difficile. C'est peut-être cette précarité partagée, où l'apport de chacun est indispensable, qui améliorera les rapports hommes-femmes et atténuera les inégalités... Leur retraite, qui paraît bien lointaine, est menacée par la remise en question des programmes de sécurité sociale et du revenu. Encore une fois, ces jeunes risquent d'être la génération sacrifiée. Il ne reste qu'à souhaiter que cette crise soit source de solidarité et de créativité.

Pour l'heure, en attendant les générations montantes – la relève grisonnante –, les femmes âgées sont actives aux plans social et politique, tranquillement mais sûrement. Elles jouent un rôle grandissant (en quantité et en qualité) qui va au-delà de la maternité et de la sphère domestique. Ces femmes qui ont amorcé le féminisme demandent de plus en plus à exister comme sujet social et affirment leur identité : elles sont au cœur des revendications contemporaines pour la reconnaissance et l'autonomie des personnes âgées.

Mais tous ces apports de nos mères et de nos grands-mères se sont effectués et s'effectuent encore si discrètement, si modestement qu'ils nous semblent naturels, pour ne pas dire invisibles.

À Jeanne, Cécile, Yvonne et aux autres qui définissent une nouvelle vieillesse et une nouvelle féminité après 60 ans... Merci !

NOTES

Avant-propos

1. Statistique Canada, *Le Pays*, catalogue 93-310, p. 43. Le recensement de 1991 dénombre 458 880 Québécoises âgées de 65 ans et plus.

2. Mentionnons l'avis récent du Conseil consultatif national sur le troisième âge (CCNTA) : « La position du CCNTA sur les événements de la vie des femmes âgées », Canada, 1993.

3. Soulignons cependant qu'en 1978, sous la plume de Louise Dulude, le Conseil consultatif sur la situation de la femme (CCSF) avait produit un premier ouvrage sur le sujet, *Vieillir au féminin*, et que le Conseil du statut de la femme (CSF) a publié en mars 1993 *Caractéristiques des femmes âgées au Québec*, C. Brouillet et C. Perron (dir.).

Chapitre 1

1. Simone de Beauvoir, *Le Deuxième Sexe*, Paris, Gallimard, 1949, tome 2, p. 276.

2. H. Gauthier et L. Duchesne, *Les Personnes âgées au Québec*, Québec, Les Publications du Québec, 1986.

3. *Ibid.*, p. 29 à 48.

4. Conseil du statut de la femme, *Caractéristiques des femmes âgées au Québec*, *op. cit.*, p. 6.

5. Ellen M. Gee et Meredith M. Kimball, *Women and Aging*, Toronto, Butterworths, 1987.

6. Conseil du statut de la femme, *Caractéristiques des femmes âgées au Québec*, *op. cit.*, p. 7.

7. R. Santerre, « Vieillesse, monde de femmes : un mythe ? », *La Revue canadienne du vieillissement*, vol. 6, n° 4, 1987, p. 304-317. Voir aussi L. Berman *et al.*, « Réponse à l'article "Vieillesse, monde de femmes : un mythe ?" », *La Revue canadienne du vieillissement*, vol. 8, n° 3, 1989, p. 295-297. Pour une discussion sur la féminisation de la vieillesse dans d'autres sociétés, les sociétés autochtones par exemple, on pourra se référer aux écrits de l'anthropologue R. Santerre.

8. Ellen M. Gee et Meredith M. Kimball, *Women and Aging*, *op. cit.*, p. 20.

9. Statistique Canada, *Portrait statistique des femmes au Canada*, 2e édition, 1990, catalogue 89-503F, p. 205-206.

10. Données du Centre canadien de la santé, Section de l'état de santé, citées par Statistique Canada, *Portrait statistique des femmes au Canada*, *op. cit.*, p. 135-146.

11. Ministère de la Santé et des Services sociaux, *Et la santé, ça va ?*, Rapport de l'enquête Santé-Québec, tome 1, 1988, p. 188.

12. Statistique Canada, *Portrait statistique des femmes au Canada*, *op. cit.*, p. 136.

13. Ellen M. Gee, « Mortality and gender », *Les Cahiers de la femme*, vol. 5, n° 3, 1984, p. 10-13.

14. Le taux de fumeurs de 15 ans et plus est passé de 53,6 % en 1966 à 30,8 % en 1986, tandis que celui des fumeuses est passé de 32,1 % à 25,8 %. Notons que pour la même période, le pourcentage de fumeuses âgées de 65 ans et plus a augmenté (de 8,3 % à 11,3 %) et que les fumeurs de plus de 65 ans, eux, sont moins nombreux (de 32,3 % à 18,6 %). Santé et Bien-être social Canada, « L'usage du tabac », tableau 3, 1986.

15. Ellen M. Gee, « Mortality and gender », *op. cit.*, p. 12.

16. S. de Beauvoir, *op. cit.*, p. 288.

17. Jean Cohen, dans *Small Expectations, Society Betrayal of Older Women* (Toronto, McClelland and Stewart, 1984), disait écrire sur « society's most neglected and least valued people – older women ».

18. S. de Beauvoir, *op. cit.*, p. 280.

19. « Despite all the changes in self-image the feminist movement has achieved, the majority of women find the prospect of growing older terrifying and too frequently come to believe the myths of inevitable decline and uselessness. » J. Cohen, *Small Expectations, Society Betrayal of Older Women, op. cit.*, p. 14.

20. M. Riopel, « Qui a peur de vieillir ? », *Coup de pouce*, novembre 1993, p. 35.

21. Una Stannard et Susan Sontag, citées par Louise Dulude, *Vieillir au féminin, op. cit.*, p. 6.

22. Voir aussi l'article de Barbara Payne et Frank Whittington, « Older women : An examination of popular stereotypes and research evidence », Marie Marshall Fuller et Cora Ann Martin (dir.), *The Older Woman : Lavender Rose or Grey Panther*, Springfield, Illinois, Charles C. Thomas, 1980, p. 9-27.

23. L. Dulude, *Vieillir au féminin, op. cit.*, p. 21-26.

24. T. E. Moore et L. Cadeau, « The representation of women, the elderly and the minorities in Canadian television commercials », *Canadian Journal of Behavior Science*, vol. 17, n° 3, 1985, p. 215-225.

25. Elinor J. Burwell, « Sexism in social science research in aging » dans Jill McCalla Vickers (dir.), *Taking Sex into Account : The Policy Consequences of Sexist Research*, Ottawa, Carleton University Press, 1985, p. 185-208.

26. Voir le point de vue de R. C. Atchley et S. L. Corbett, « Older women and jobs » dans J. Israel et L. E. Troll (dir.), *Looking Ahead : A Woman Guide to the Problems and Joys of Growing Older*, Englewood Cliff, N. J., Prentice-Hall, 1977.

27. J. Posner, « It's all in your head : feminist and medical models of menopause », *Sex Roles*, 1979, p. 179-190.

28. D. Beeson, « Women in studies of aging : A critique and suggestions », Marie Marshall Fuller et Cora Ann Martin (dir.), *The Older Woman : Lavender Rose or Gray Panther, op. cit.*, p. 35-44.

29. L. Montard et C. Tardieu, *Les Femmes, ça compte*, Conseil du statut de la femme, Les Publications du Québec, 1990. Ces auteures notent en

revanche que les femmes sont sous-représentées dans les postes décisionnels.

30. C. Lord, *La Gazette des femmes*, mai-juin 1990, p. 32.

31. Michèle Côté, « Demain, la vieille, c'est moi », *Nous, notre santé, nos pouvoirs*, Montréal, Saint-Martin/Remue-ménage, 1983, p. 178.

32. M. Dumont et N. Fahmy-Eid, « Temps et mémoire », *Recherches féministes*, vol. 6, n° 1, 1993, p. 1-12.

Chapitre 2

1. *Et la santé, ça va ?*, Rapport de l'enquête Santé-Québec, *op. cit.*, p. 188. Voir spécifiquement L. Lapierre et O. B. Adams, *Les Personnes âgées : Et la santé, ça va ?*, Les Publications du Québec, 1989.

2. *Ibid.*, p. 49.

3. Se référer au rapport de Lise Dunnigan et Nicole Gravel, *La Santé des femmes démunies : mieux comprendre pour mieux intervenir*, ministère de la Santé et des Services sociaux, Service à la condition féminine, novembre 1992.

4. *Et la santé, ça va ?*, Rapport de l'enquête Santé-Québec, *op. cit.*

5. Pour une analyse plus exhaustive des facteurs de la santé, voir les données de l'enquête Santé-Québec (langue, statut matrimonial, etc.).

6. Lise Dunnigan et Nicole Gravel, *La Santé des femmes démunies...*, *op. cit.*, p. 9-10. Voir aussi l'article de Christine Colin, « La santé des femmes défavorisées : un quotidien difficile, un avenir compromis » dans Anne Quéniart (dir.), *Femmes et santé, aspects psychosociaux*, Montréal, Gaëtan Morin, 1991, p. 21-32.

7. Gilbert Leclerc, Normand Poulin et Richard Lefrançois, « Actualisation de soi chez les femmes âgées », Université de Sherbrooke, 1992.

8. *Et la santé, ça va ?*, Rapport de l'enquête Santé-Québec, *op. cit.*

9. CSF, *Caractéristiques des femmes âgées au Québec*, *op. cit.*, p. 49. Précisons que les problèmes d'arthrite et de rhumatisme constituent 21,6 % des causes d'incapacité à long terme chez les femmes âgées de 65 à 74 ans et 34,4 % chez les femmes âgées de 75 ans et plus.

10. *Ibid.*

11. Pierrette C. Pednault, « Synthèse de la recherche sur la situation des femmes âgées de 65 ans et plus de la ville de Sherbrooke », Centre des femmes de l'Estrie, juillet 1992.

12. L'enquête Santé-Québec évalue l'indice de détresse psychologique à partir d'une échelle de santé mentale. Le score obtenu, faible, moyen ou élevé, est associé aux états dépressifs, à l'anxiété et à certains symptômes d'agressivité et de troubles cognitifs vécus par les répondants-es : tendances à pleurer facilement, à éviter des endroits ou des choses par peur, etc.

13. *Les Personnes âgées : Et la santé, ça va ?, op. cit.*, tableau 13-C, p. 74.

14. Lise Dunnigan et Nicole Gravel, *La Santé des femmes démunies..., op. cit.*, p. 10.

15. Louise Guyon, *Quand les femmes parlent de leur santé*, ministère de la Santé et des Services sociaux, Québec, Les Publications du Québec, 1990.

16. Lise Dunnigan et Nicole Gravel, *La Santé des femmes démunies..., op. cit.*

17. Women's Health Research Foundation, « Improving women's health through research », 1993, cité par le CCNTA, « La position du CCNTA sur les événements de la vie des femmes âgées », *op. cit.*, p. 25.

18. Louise Guyon, *Quand les femmes parlent de leur santé, op. cit.*, p. 29-30.

19. Lise Dunnigan, *Les Rapports hommes-femmes et les Inégalités socio-économiques qu'ils produisent : implications pour la santé et le bien-être*, Québec, ministère de la Santé et des Services sociaux, 1992, p. 26.

20. Lise Dunnigan et Nicole Gravel, *La Santé des femmes démunies..., op. cit.*, p. 10.

Tout au long de leur vie, les femmes sont davantage victimes de violence : agressions sexuelles, physiques et psychologiques. Les aînées n'y échappent pas. Les chercheurs estiment qu'elles sont deux fois plus victimes de la violence faite aux personnes âgées. Les femmes âgées sont particulièrement touchées par l'exploitation financière de leurs proches. Leur silence à ce sujet, leur honte rendent difficile toute estimation de cette forme d'abus. Nombre de personnes âgées se voient privées de l'essentiel par leurs enfants qui leur soutirent leur chèque de pension. Voir E. Podnieks et K. Pillemer, *Enquête nationale sur le mauvais traitement des personnes âgées*, Toronto, Ryerson Polytechnical Institute, 1990.

21. Société de l'ostéoporose du Canada, *L'Ostéoporose et vous, guide de vie active à l'usage de la femme*, 1992.

22. On pouvait lire, dans *La Presse* du mercredi 26 janvier 1994, un article portant sur la question : « Les femmes qui boivent du café sont plus portées à souffrir d'ostéoporose », p. A-11.

23. « La position du CCNTA… », *op. cit.*, p. 24.

24. Statistique Canada, *Statistiques canadiennes sur le cancer*, Institut national du cancer, 1993, p. 10.

25. La Presse canadienne, « Le cancer du sein, un fléau trop souvent mal diagnostiqué », *La Presse*, samedi le 22 janvier 1994, p. J-12.

26. Dossier « Vivre avec le cancer », *Santé et société*, vol. 13, n° 2, printemps 1991, p. 4-6.

27. *Ibid.*

28. Louise Guyon, *Quand les femmes parlent de leur santé, op. cit.*, p. 51-53. Ces données proviennent de l'enquête Santé-Québec et sous-estiment probablement la réalité puisqu'elles sont évaluées à partir du poids et de la taille déclarés par les répondantes.

29. Pour une discussion sur l'obsession de la minceur et de la beauté et son impact sur les femmes âgées, se reporter au premier chapitre (deuxième section). Nous proposons aussi la lecture de « Un regard féministe sur l'obsession de la minceur », de D. Daigneault-L'Archevêque, L. Dessureault et S. Walsh dans Anne Quéniart (dir.), *op. cit.*

30. A. Denard-Toulet, *La Ménopause effacée*, Paris, Robert Laffont, 1975, p. 28.

31. Plusieurs ouvrages ont été publiés sur la ménopause, voir en particulier Germaine Greer, *Le Passage : l'expérience de la ménopause*, Paris, Plon, 1992, 340 p.

32. Sur les aspects psychologiques et sociaux, voir G. Sheehy, *The Silent Passage : Menopause*, New York, Random House, 1992, 161 p.

33. Pauline Bart citée par E. J. Burwell, « Sexism in social science research in aging », *op. cit.*

34. Simone de Beauvoir, *op. cit.*, p. 279.

35. P. Fugère, « Hormonothérapie de la ménopause et de l'ostéoporose », *L'Union médicale*, vol. 116, mars 1987.

36. Voir à ce sujet S. M. Wolfe, « New evidence that menopausal estrogeno causes breast cancer ; further doubt about prevention of heart disease », *Health Letters*, juin 1991.

37. Selon différentes études, de 35 à 40 % des femmes recourent à l'hormonothérapie, M. Lambert, « Les hormones à l'heure des choix », *La Gazette des femmes* , novembre-décembre 1991, p. 6-7 et *La Presse*, 9 septembre 1991, p. A-6.

38. B. Jean, « La ménopause : une approche holiste », *L'Infirmière canadienne*, vol. 27, n° 2, 1985 et J.-M. Brunet, *Mon guide de santé naturelle*, éd. Le Naturaliste, 1991.

39. H. Rozenbaum, *La Ménopause*, Paris, Mercure de France, 1991, 330 p.

40. Voir en l'occurrence l'article de la sexologue Aline Couturier, « L'épanouissement sexuel de la femme au 3ᵉ âge », *Les Cahiers de la femme*, vol. 5, n° 3, printemps 1984 et celui de Ginette Landry, « Le vieillissement et la physiologie sexuelle féminine », *Santé mentale au Québec*, vol. V , n° 2, 1980.

41. Les travaux de Masters et Johnson sur la sexualité sont toujours une référence classique.

42. M. Honeyman, « L'optique du bénéficiaire », *La Femme dans une société vieillissante*, Secrétariat du troisième âge, Santé et Bien-être social Canada et Condition féminine Canada, 1989.

43. François Béland, « Utilisation des services de santé par trois groupes d'âge et différences entre les hommes et les femmes », *Interdisciplinarité en gérontologie*, Actes du IVᵉ Congrès international francophone de gérontologie, Montréal, Édisem/Maloine, 1990, p. 489-493.

44. N. P. Roos, P. Montgomery *et al.*, « Healthcare utilization in the years prior to death », *Mell bank Mem Fund Quar*, 1987, p. 65-231.

45. Le comité a d'ailleurs produit un outil d'animation intitulé « Femmes âgées et surmédicalisation », disponible à l'AQDR, Montréal.

46. Concernant le défaitisme des intervenants-es et leur attitude à l'égard de la surconsommation de médicaments par les personnes âgées, voir G. Létourneau et G. Vermette, « Le sous-développement des ressources en géronto-toxicomanie », Institut d'ethnogérontologie, Montréal, 1991.

47. B. Mishara et W. McKim, *Drogues et vieillissement*, Montréal, Gaëtan Morin, 1989.

48. Guillème Pérodeau, « Attitudes des femmes âgées envers les tranquillisants », *Le Gérontophile* , vol. 11, n° 1, p. 11-15.

Chapitre 3

1. Le décès du conjoint est un des événements les plus stressants de la vie.

2. E. Wakin, « Living as a widow : only the name's the same » dans M. M. Fuller et C. A. Martin (dir.), *The Older Woman : Lavender Rose or Grey Panther, op. cit.*, p. 151-157.

3. Sur le processus de deuil et de veuvage, lire entre autres M.-F. Bacqué, *Le Deuil à vivre*, Paris, Odile Jacob, 1992.

4. F. Lavoie, *Les Réseaux naturels de soutien et la perte du conjoint*, Conseil québécois de la recherche sociale, Gouvernement du Québec, 1989.

5. Statistique Canada dénombrait 56 845 veufs et 286 275 veuves dans la population canadienne en 1991. *Le Pays*, catalogue 93-310, *op. cit.*

6. Outre les rapports de recherche de S. Lavallée, lire de la même auteure « Femmes âgées et divorce » dans J. Laforest et M. Khalid (dir.), *La Personne âgée et la Famille*, Montréal, Cahier de l'ACFAS n° 34, 1985, p. 127-134.

7. H. Northcott, « Widowhood and remarriage trends in Canada, 1956 to 1981 », *Canadian Journal on Aging*, n° 3, 1984, p. 63-78.

8. Judith Stryckman, « Mariages et mises en ménage au cours de la vieillesse », Laboratoire de gérontologie sociale, Québec, Université Laval, 1982. Ces données sur le lien entre le mode de vie des femmes et la présence d'enfants rejoignent celles de D. Wolf, « Household patterns of older women : some international comparisons », *Research on Aging*, vol. 12, n° 4, décembre 1990, p. 463-486.

9. Statistique Canada, *Annuaire du Canada*, 1993, p. 101.

10. Veronica Doyle, *La Femme dans une société vieillissante*, Secrétariat du troisième âge, Santé et Bien-être Canada et Condition féminine Canada, 1988, p. 61-68.

11. *Ibid.*, p. 62.

12. M. Plourde et C. Bédard, « Les habitations partagées du Saguenay », bilan d'évaluation du service, Jonquière, mai 1990. Plusieurs articles ont été publiés à ce sujet dans la revue *Le Bel Âge*, dont N. Canuel, « Vivre avec

une amie, une sœur... », avril 1991 et F. Genest, « La cohabitation, une solution souvent avantageuse», juillet-août 1990.

13. AQDR, « À 50 ans qu'est-ce que tu deviens ? », colloque sur la condition féminine, tenu à l'Université du Québec à Montréal, 1989.

14. Y. Séguin, « Des contribuables plumés », *Les Affaires plus*, vol. 17, n° 4, 1994, p. 9.

15. *Annuaire du Canada, op. cit.*, p. 204.

16. *Ibid.*, p. 225.

17. Précisons que la PSV est un revenu imposable et que le SRG est une prestation qui exige un examen du revenu des personnes âgées admissibles et est établie en fonction de celui-ci.

18. Conseil national du bien-être social, *Profil de pauvreté, 1992*, ministère des Approvisionnements et Services Canada, Ottawa, 1994, p. 3.

19. Gloria Escomel, « Quelle vieillesse vous préparez-vous : un âge d'or ou d'argent ? », *La Gazette des femmes*, janvier-février 1987, p. 11-17. Précisons cependant que certains aspects des programmes gouvernementaux ont été modifiés depuis la publication de cet article, mais que les propos de l'auteure n'en sont pas moins fort pertinents.

20. Chiffres tirés de Yves Séguin, « Des contribuables plumés », *op. cit.*

21. Régie des rentes du Québec, *Le Régime des rentes du Québec, statistiques 1992*, 1993, p. 65.

22. Régie des rentes du Québec, *Le Conjoint survivant, analyse des données 1992*, 1993, p. 5-7.

23. René Diotte est chroniqueur à la revue *Le Bel Âge*, professeur et conférencier en gérontologie, particulièrement actif au niveau de la préparation à la retraite.

24. Selon les données du recensement de 1991, les femmes âgées de 30 à 44 ans et de 60 à 70 ans, mariées ou qui l'avaient été, avaient en moyenne 1,9 et 3,3 enfants respectivement. Statistique Canada, *Fécondité. Le Pays*, catalogue 93-321, 1993, p. 7.

25. Voir à ce sujet Carolyn Rosenthal, « Family responsibilities and concerns : A perspective on the lives of middle-aged women », *Documentation pour la recherche féministe*, vol. 11, n° 2, 1982, p. 211.

26. Maximilienne Levet-Gautrat, « Évolution du rôle féminin lors de la cessation d'activité du conjoint », *Gérontologie* , n° 56, 1985, p. 60-62.

27. *Ibid.*, p. 62.

28. L'expression vient d'un article publié en 1980 : N. Keating et P. Cole, « What do I do with him 24 hours a day ? Changes in the housewife role after retirement », *The Gerontologist*, vol. 20, n° 1, 1980, p. 84-89.

29. M. Fitoussi, *Le Ras-le-bol des Super Women*, Paris, Calmann-Lévy, 1987.

30. James W. Gladstone, « Factors associated with changes in visiting between grandmothers and grandchild following an adult child's marriage breakdown », *La Revue canadienne du vieillissement*, vol. 6, n° 2, 1987, p. 117-127, aussi du même auteur, « Grandmother, grandchild contact (...) », *La Revue canadienne du vieillissement*, vol. 8, n° 4, 1989, p. 365.

31. F. Gamache-Stanton, « Le vécu de la personne âgée face aux ruptures de famille », *La Personne âgée et la Famille*, Montréal, Cahier de l'ACFAS, n° 34, 1985, p. 135-141.

32. *Ibid.*

33. Dʳ Kornhaber, *Grands-parents, petits-enfants*, Paris, Robert Laffont, 1988.

34. J. Bertrand, « Le maintien à domicile à la recherche d'un nouvel équilibre », *Santé et société*, vol. 10, n° 3, 1988, p. 12-14.

35. Données tirées de *Et la santé, ça va ?* et analysées par L. Guyon, *Quand les femmes parlent de leur santé, op. cit.*

36. L. Garant et M. Bolduc, « Le désengagement des proches : mythe et réalité », *Santé et société*, vol. 12, n° 3, 1990.

37. Jacques Roy, « Recherche sur les aidants naturels » et « Soutien des familles, ce qu'en pensent les principaux concernés », *Santé et société*, vol. 12, n° 3, 1990. D'après les recherches et entrevues de Jacques Roy, le nombre d'heures consacrées aux soins des parents ne semble pas beaucoup fluctuer selon que leur fille travaille ou non.

38. Rita Therrien, « La responsabilité des familles et des femmes dans le maintien à domicile des personnes âgées : une politique de désengagement ou de soutien de l'État », *Santé mentale au Québec*, vol. 14, n° 1, 1989, p. 152-164.

39. Voir aussi N. L. Chappell, « Health and helping among the elderly : Gender differences », *Journal of Aging and Health*, 1989, p. 102-120.

40. Rita Therrien, « La responsabilité des familles... », *op. cit.* ; Jacques Roy, « Recherche sur les aidants naturels » et « Soutien des familles... », *op. cit.*

41. L. Gault et F. Lussier, « Services sociaux auprès des aidantes naturelles », *Le Gérontophile*, vol. 10, n° 3, 1988, p. 14-15. Les rapports d'activités des différents groupes de support aux aidants naturels sont nombreux et disponibles dans les différents milieux d'intervention (CLSC, DSC). Il y a aussi des services de thérapie familiale et des initiatives communautaires innovatrices : services de répit, liste de personnes pour garder, etc. Mentionnons aussi la création de l'Association d'aidant(e)s naturel(le)s qui promeut et défend les intérêts des aidants.

Chapitre 4

1. Statistique Canada, *Annuaire du Canada*, 1993, p. 199.

2. Statistique Canada, *Portrait statistique des femmes au Canada, op. cit.*, p. 90.

3. Statistique Canada, *Certaines statistiques sur le revenu*, avril 1993, p. 86-87. En 1991, on dénombrait au Québec 715 175 travailleuses et 1 128 870 travailleurs à temps plein.

4. Statistique Canada, *Annuaire du Canada*, p. 204.

5. P. Fahmy, *Femmes entre vie et carrière : le difficile équilibre*, Montréal, Adage, 1992.

6. M. Fitoussi, *Le Ras-le-bol des Super Women, op. cit.*

7. Aline Charles, « Travail et vieillesse féminine : Une histoire à suivre... mais possible », *Recherches féministes*, vol. 6, n° 1, 1993, p. 106-111.

8. Voir à ce sujet la publication de Statistique Canada, *La Pré-retraite : un profil des Canadiens de 55 à 64 ans. Projet des groupes-cibles*, catalogue 89-521, 1993.

9. M. Sczinovacz, « Les femmes et la retraite », *Le Vieillissement au travail : une question de jugement*, Actes du colloque de l'Institut de recherches appliquées sur le travail, Montréal, 1989, p. 146-149.

10. *Ibid.*, p. 147.

11. H. K. Nishio et H. Lank, « Patterns of labour : participation of older female workers » dans Victor Marshall *et al.* (dir.), *Aging in Canada*, Toronto, Fitzhenry and Whiteside, 1987, p. 228-244.

12. M. Sczinovacz, « Les femmes et la retraite », *op. cit.*, p. 148.

13. O. Adams et L. Lefebvre, « Retirement and mortality », *Aging and Work*, vol. 4, n° 2, 1981, p. 15-120.

14. R. C. Atchley, « A continuity theory of normal aging », *The Gerontologist*, vol. 29, n° 2, 1989, p. 183-190.

15. Marie-Thérèse Bournival, « Deuxième début », *La Gazette des femmes*, vol. 12, n° 3, 1990, p. 21-24.

16. J. Carpentier et F. Vaillancourt, *L'Activité bénévole au Québec : la situation en 1987 et son évolution depuis 1979*, Montréal, Les Publications du Québec/Gaëtan Morin, 1990.

17. M.-M. Brault, *Le Travail bénévole à la retraite*, Québec, Institut québécois de recherche sur la culture, document de recherche n° 25, 1990.

18. Jeanne Morazain, « Le bénévolat des femmes : s'aider à aider », *La Gazette des femmes*, vol. 13, n° 4, 1991, p. 11-17.

19. Bulletin du Conseil consultatif national sur le troisième âge, *Expression*, vol. 8, n° 3, 1992, p. 2-7.

20. C. Castelain-Meunier, « Des revendications féministes aux revendications des retraité(e)s », *Pénélope*, n° 13, 1985, p. 126-129.

BIBLIOGRAPHIE

ABU-LABAN, S. « Les femmes âgées : problèmes et perspectives », *Sociologie et sociétés*, vol. 16, n° 2, 1984, p. 69-78.

ADAMS, O. et L. LEFEBVRE. « Retirement and mortality », *Aging and Work*, vol. 4, n° 2, 1981, p. 15-120.

ASSOCIATION QUÉBÉCOISE POUR LA DÉFENSE DES DROITS DES PRÉ-RETRAITÉ-ES ET RETRAITÉ-ES (AQDR). « À 50 ans qu'est-ce que tu deviens ? », colloque sur la condition féminine tenu à l'Université du Québec à Montréal, 1989.

Femmes âgées et surmédicalisation, outil d'animation, 1987.

ATCHLEY, R. C. « A continuity theory of normal aging », *The Gerontologist*, vol. 29, n° 2, 1989.

ATCHLEY, R. C. et S. L. CORBETT. « Older women and jobs » dans J. Israel et L. E. Troll (dir.), *Looking Ahead : A Woman's Guide to the Problems and Joys of Growing Older*, Englewood Cliff, New Jersey, Prentice-Hall, 1977.

BACQUÉ, M.-F. *Le Deuil à vivre*, Paris, Odile Jacob, 1992.

BADEAU, D. et C. BRUNET « La vie sexuelle des femmes : du mitan au crépuscule », *Le Gérontophile*, vol. 11, n° 1, 1989, p. 15-17.

BEAUVOIR, Simone de. *Le Deuxième Sexe*, Paris, Gallimard, coll. Idées, 1949.

BEESON, D. « Women in studies of aging : A critique and suggestions », Marie Marshall Fuller et Cora Ann Martin (dir.), *The Older Woman : Lavender Rose or Gray Panther*, Springfield, Illinois, Charles C. Thomas, 1980, p. 35-44.

BÉLAND, François. « Utilisation des services de santé par trois groupes d'âge et différences entre les hommes et les femmes », Réjean Hébert (dir.), *Interdisciplinarité en gérontologie*, Actes du IVe Congrès international francophone de gérontologie, Montréal/Paris, Edisem/Maloine, 1990, p. 489-493.

BÉLISLE-GOUAULT, D. *Les Femmes et le Vieillissement au Canada*, bibliographie annotée multidisciplinaire 1975-1989, Monique Bégin (dir.), chaire conjointe en études des femmes, Université d'Ottawa, 1990.

BERMAN, L. *et al.* « Réponse à l'article "Vieillesse, monde de femmes : un mythe ?" », *La Revue canadienne du vieillissement*, vol. 8, n° 3, 1989, p. 295-297.

BERTRAND, J. « Le maintien à domicile à la recherche d'un nouvel équilibre », *Santé et société*, vol. 10, n° 3, 1988, p. 12-14.

BORDELEAU, F. « Lorsqu'il faut vivre avec le cancer », dossier « Vivre avec le cancer », *Santé et société*, vol. 13, n° 2, printemps 1991.

BOURNIVAL, Marie-Thérèse. « Deuxième début », *La Gazette des femmes*, vol. 12, n° 3, 1990, p. 21-24.

BOYER, N. *Surmédicalisation des femmes âgées : une pilule difficile à avaler*, Éditions des centres d'accueil du Québec, 1986.

BRAULT, Marie-Marthe. *Le Travail bénévole à la retraite*, Institut québécois de recherche sur la culture, document de recherche n° 25, 1990.

BROWN-DORESS, P. et S. LASKIN. *Ourselves Growing Older, Women with Knowledge and Power*, New York, Simon and Schuster, 1987.

BRUNET, J.-M. *Mon guide de santé naturelle*, Le Naturaliste, 1991.

BURWELL, Elinor J. « Sexism in social science research in aging » dans Jill McCalla Vickers (dir.), *Taking Sex into Account : The Policy Consequences of Sexist Research*, Ottawa, Carleton University Press, 1985, p. 185-208.

CANUEL, N. « Vivre avec une amie, une sœur », *Le Bel Âge*, avril 1991.

CARETTE, J., PLAMONDON, L. *et al. Vieillir sans violence*, Québec, Presses de l'Université du Québec, 1990.

CARPENTIER, J. et F. VAILLANCOURT. *L'Activité bénévole au Québec : la situation en 1987 et son évolution depuis 1979*, Montréal, Les Publications du Québec/Gaëtan Morin, 1990.

CASTELAIN-MEUNIER, C. « Des revendications féministes aux revendications des retraité(e)s », *Pénélope*, n° 13, 1985, p. 126-129.

CHAPPELL, N. L. « Health and helping among the elderly : Gender differences », *Journal of Aging and Health*, 1989, p. 102-120.

CHARLES, Aline. « Travail et vieillesse féminine : Une histoire à suivre… mais possible », *Recherches féministes*, vol. 6, n° 1, 1993, p. 106-111.

CHARPENTIER, M. « Être femme et âgée », centre Berthiaume-DuTremblay, mémoire présenté au Sommet économique provincial, circonscription Crémazie, 1986.

COHEN, J. *Small Expectations, Society Betrayal of Older Women*, Toronto, McClelland and Stewart, 1984.

COLIN, Christine. « La santé des femmes défavorisées : un quotidien difficile, un avenir compromis » dans Anne Quéniart (dir.), *Femmes et santé, aspects psychosociaux*, Montréal, Gaëtan Morin, 1991, p. 21-32.

CONNIDIS, I. et J. REMPEL. « The living arrangements of older residents : The role of gender, marital status, age and family size », *La Revue canadienne du vieillissement*, vol. 2, n° 3, 1983, p. 91-105.

CONSEIL CONSULTATIF CANADIEN SUR LA SITUATION DE LA FEMME. « Un dossier en évolution. Bilan de l'égalité des femmes au Canada », juin 1994.

« Les femmes et les régimes de retraite : Gage de pauvreté », mémoire présenté au groupe de travail parlementaire sur la réforme des pensions, Ottawa, mai 1983.

CONSEIL CONSULTATIF NATIONAL SUR LE TROISIÈME ÂGE (CCNTA). « La position du CCNTA sur les événements de la vie des femmes âgées », Ottawa, 1993.

Expression, vol. 8, n° 3, 1992, p. 2-7.

CONSEIL DU STATUT DE LA FEMME. *Caractéristiques des femmes âgées au Québec*, C. Brouillet et C. Perron (dir.), Gouvernement du Québec, mars 1993.

CÔTÉ, Michèle. « Demain, la vieille, c'est moi », *Nous, notre santé, nos pouvoirs*, Montréal, Saint-Martin/Remue-ménage, 1983, p. 178.

COUTURIER, Aline. « L'épanouissement sexuel de la femme au 3e âge », *Les Cahiers de la femme*, vol. 5, n° 3, printemps 1984.

DAIGNEAULT-L'ARCHEVÊQUE, D., DESSUREAULT, L. et S. WALSH. « Un regard féministe sur l'obsession de la minceur » dans Anne Quéniart (dir.), *Femmes et santé, aspects psychosociaux*, Montréal, Gaëtan Morin, 1991.

DENARD-TOULET, A. *La Ménopause effacée*, Paris, Robert Laffont, coll. Réponses, 1975.

DOYLE, Veronica. « L'indépendance matérielle des aînées : la question du logement », *La Femme dans une société vieillissante*, atelier national tenu à Halifax en octobre 1988, Secrétariat du troisième âge, Santé et Bien-être social Canada et Condition féminine Canada, 1989, p. 61-68.

DULUDE, Louise. *Vieillir au féminin*, Ottawa, Conseil consultatif canadien sur la situation de la femme, 1978.

DUMONT, Micheline et Nadia FAHMY-EID. « Temps et mémoire », *Recherches féministes*, vol. 6, n° 1, 1993, p. 1-12.

DUNNIGAN, Lise. *Les Rapports hommes-femmes et les Inégalités socio-économiques qu'ils produisent : implications pour la santé et le bien-être*, Québec, ministère de la Santé et des Services sociaux, 1992.

DUNNIGAN, Lise et Nicole GRAVEL. *La Santé des femmes démunies : mieux comprendre pour mieux intervenir*, Québec, ministère de la Santé et des Services sociaux, Service à la condition féminine, novembre 1992.

ESCOMEL, Gloria. « Quelle vieillesse vous préparez-vous : un âge d'or ou d'argent ? », *La Gazette des femmes*, vol. 8, n° 5, janvier-février 1987, p. 11-17.

FAHMY, P. *Femmes entre vie et carrière : le difficile équilibre*, Montréal, Adage, 1992.

FERRON, Madeleine. « La transmission de la culture par les femmes » dans F. Dumont (dir.), *La Culture et l'Âge,* Montréal, Institut québécois de recherche sur la culture, 1984.

FITOUSSI, M. *Le Ras-le-bol des Super Women*, Paris, Calmann-Lévy, 1987.

FLETCHER, S. et L. STONE. *Les Modes d'habitation des femmes âgées au Canada*, Ottawa, ministère des Approvisionnements et Services, Gouvernement du Canada, 1982.

FRÉCHETTE, F. « La marginalisation sociale des femmes âgées », mémoire de maîtrise, Département de sociologie, Université de Montréal, 1989.

FUGÈRE, P. « Hormonothérapie de la ménopause et de l'ostéoporose », *L'Union médicale*, mars 1987.

GAMACHE-STANTON, Françoise. « Le vécu de la personne âgée face aux ruptures de famille », J. Laforest et M. Khalid (dir.), *La Personne âgée et la Famille*, Cahier de l'ACFAS, n° 34, Montréal, Association canadienne-française pour l'avancement des sciences, 1985, p. 135-141.

GARANT, L. et M. BOLDUC. *L'Aide par les proches : mythes et réalités*, Québec, ministère de la Santé et des Services sociaux, Les Publications du Québec, coll. Études et Analyses, n° 8, 1990.

« Le désengagement des proches : mythe et réalité », *Santé et société*, vol. 12, n° 3, 1990.

GARDON, A. « Des veuves heureuses », *Le Bel Âge*, novembre 1992.

GAULT, L. et F. LUSSIER. « Services sociaux auprès des aidantes naturelles », *Le Gérontophile*, vol. 10, n° 3, 1988, p. 14-15.

GAUTHIER, H. et L. DUCHESNE. *Les Personnes âgées au Québec*, Québec, Les Publications du Québec, 1986.

GEE, Ellen M. « Mortality and gender », *Les Cahiers de la femme*, vol. 5, n° 3, 1984, p. 10-13.

GEE, Ellen M. et Meredith M. KIMBALL. *Women and Aging*, Toronto, Butterworths, 1987.

GENDRON, C. et M. BEAUREGARD (dir.). *L'Avenir-santé au féminin*, Montréal, Gaëtan Morin, 1989.

GENEST, F. « La cohabitation, une solution souvent avantageuse », *Le Bel Âge*, juillet-août 1990.

GLADSTONE, James W. « Grandmother, grandchild contact [...] », *La Revue canadienne du vieillissement*, vol. 8, n° 4, 1989, p. 365.

« Factors associated with changes in visiting between grandmothers and grandchild following an adult child's marriage breakdown », *La Revue canadienne du vieillissement*, vol. 6, n° 2, 1987, p. 117-127.

GOBEIL, D. « La ménopause, est-ce physique ou mental ? », *Les Cahiers de la femme*, vol. 5, n° 3, printemps 1984, p. 81-84.

GRAHAM, I. et P. BAKER. « Status, age and gender : perceptions of old and young people », *La Revue canadienne du vieillissement*, vol. 8, n° 3, 1989, p. 255-267.

GREER, Germaine. *Le Passage : l'expérience de la ménopause*, Paris, Plon, 1992.

GUBERMAN, N. *et al. Un mal invisible, l'isolement social des femmes*, le Regroupement des centres de femmes du Québec, Montréal, Remue-ménage, 1993.

GUYON, Louise. *Quand les femmes parlent de leur santé*, ministère de la Santé et des Services sociaux, Québec, Les Publications du Québec, 1990.

HÉBERT, L. «Le féminisme dans l'action avec les aînées», *Service social,* vol. 35, n° 2, 1986, p. 5-11.

HONEYMAN, M. «L'optique du bénéficiaire», *La Femme dans une société vieillissante,* atelier national tenu à Halifax en octobre 1988, Secrétariat du troisième âge, Santé et Bien-être social Canada et Condition féminine Canada, 1989.

JACQUES, L. «La ménopause: un nouveau départ», *Femme plus,* janvier 1990, p. 2-12.

JEAN, B. « La ménopause : une approche holiste », *L'Infirmière canadienne,* vol. 27, n° 2, 1985.

JOHNSON, E. S. et B. J. BURSK. «Relationships between the elderly and their adult children », Marie Marshall Fuller et Cora Ann Martin (dir.), *The Older Woman : Lavender Rose or Grey Panther,* Springfield, Illinois, Charles C. Thomas, 1980, p. 158-169.

KEATING, N. et P. COLE. « What do I do with him 24 hours a day ? Changes in the housewife role after retirement », *The Gerontologist,* vol. 20, n° 1, 1980, p. 84-89.

KORNHABER, Dr. *Grands-parents, petits-enfants,* Paris, Robert Laffont, coll. Réponses, 1988.

LAMBERT, M. « Les hormones à l'heure des choix », *La Gazette des femmes,* novembre-décembre 1991, p. 6-7.

LANDRY, Ginette. « Le vieillissement et la physiologie sexuelle féminine », *Santé mentale au Québec,* vol. V, n° 2, 1980.

LAPIERRE, L. et O. ADAMS. *Les Personnes âgées : Et la santé, ça va ?,* Québec, Les Publications du Québec, 1989.

LAVALLÉE, M. « Le vieillissement psychologique et les femmes », *Le Gérontophile,* vol. 11, n° 1, 1989, p. 3-7.

LAVALLÉE, Suzanne. « Femmes âgées et divorce », J. Laforest et M. Khalid (dir.), *La Personne âgée et la Famille,* Cahier de l'ACFAS, n° 34, Montréal, Association canadienne-française pour l'avancement des sciences, 1985, p. 127-134.

LAVOIE, F. *Les Réseaux naturels de soutien et la Perte d'un conjoint,* Québec, Conseil québécois de la recherche sociale, 1989.

LECAVALIER, M. et G. VERMETTE. « L'abus d'alcool et de pilules chez les femmes âgées : un symptôme d'un malaise profond », *Les Cahiers de la femme*, vol. 5, n° 3, 1984, p. 52-55.

LECLERC, Gilbert, POULIN, Normand et Richard LEFRANÇOIS. « Actualisation de soi chez les femmes âgées », rapport de recherche, Faculté des lettres et sciences humaines, Université de Sherbrooke, 1992.

LEPAGE, F. *La Réforme des régimes de retraite : un enjeu important pour les femmes*, Québec, Conseil du statut de la femme, 1983.

LÉTOURNEAU, G. et G. VERMETTE. « Le sous-développement des ressources en géronto-toxicomanie », Montréal, Institut d'ethnogérontologie, 1991.

LEVET-GAUTRAT, Maximilienne. « Évolution du rôle féminin lors de la cessation d'activité du conjoint », *Gérontologie*, n° 56, 1985, p. 60-62.

LEWIS, J. et B. MEREDITH. *Daughters Who Care*, New York, Routledge, 1988.

LORD, Catherine. « Nos grands-mères n'étaient pas des personnes », *La Gazette des femmes*, mai-juin 1990, p. 32-33.

MARSOLAIS, M. « Cancer du sein : la victoire est encore loin », dossier « Vivre avec le cancer », *Santé et société*, vol. 13, n° 2, printemps 1991.

MAURE, H. *La Cinquantaine au féminin*, Paris, Calmann-Lévy, 1988.

McDANIEL, S. A. « Woman and aging : The sociological perspective » dans Diane Garner (dir.), *Woman and Aging : A Multi-disciplinary Perspective*, New York, Haworth, 1989.

« Older women : Their quest for justice and peace », *Les Cahiers de la femme*, vol. 9, n° 1, 1988, p. 78-80.

MINISTÈRE DE LA SANTÉ ET DES SERVICES SOCIAUX. *Et la santé, ça va ?*, Rapport de l'enquête Santé-Québec, Québec, Les Publications du Québec, tome 1, 1989.

Les Personnes âgées : Et la santé, ça va ?, Rapport de l'enquête Santé-Québec, Québec, Les Publications du Québec, monographie 1, 1989.

MISHARA, B. et W. McKIM. *Drogues et vieillissement*, Montréal, Gaëtan Morin, 1989.

MONTARD, L. et C. TARDIEU. *Les Femmes, ça compte*, Conseil du statut de la femme, Les Publications du Québec, 1990.

MONTPLAISIR, M. « La femme âgée : consommatrice de soins », *La Femme dans une société vieillissante*, atelier national tenu à Halifax en octobre 1988, Secrétariat du troisième âge, Santé et Bien-être social Canada et Condition féminine Canada, 1989, p. 43-46.

MOORE, T. E. et L. CADEAU. « The representation of women, the elderly and the minorities in Canadian television commercials », *Canadian Journal of Behavior Science*, vol. 17, n° 3, 1985, p. 215-225.

MORAZAIN, Jeanne. « Le bénévolat des femmes : s'aider à aider », *La Gazette des femmes*, vol. 13, n° 4, 1991, p. 11-17.

NISHIO, H. K. et H. LANK. « Patterns of labour : participation of older female workers » dans Victor W. Marshall *et al.* (dir.), *Aging in Canada*, Toronto, Fitzhenry and Whiteside, 1987, p. 228-244.

NORTHCOTT, H. « Widowhood and remarriage trends in Canada, 1956 to 1981 », *Canadian Journal on Aging*, n° 3, 1984, p. 63-78.

PAQUET, G. *Santé et inégalités sociales : un problème de distance culturelle*, Québec, Institut québécois de recherche sur la culture, 1990.

PAYNE, Barbara et Frank WHITTINGTON. « Older women : An examination of popular stereotypes and research evidence » dans Marie Marshall Fuller et Cora Ann Martin (dir.), *The Older Woman : Lavender Rose or Grey Panther*, Springfield, Illinois, Charles C. Thomas, 1980, p. 9-27.

PEDNAULT, Pierrette C. « Synthèse de la recherche sur la situation des femmes âgées de 65 ans et plus de la ville de Sherbrooke », Centre des femmes de l'Estrie, juillet 1992.

PENNING, M. J. « Multiple jeopardy : age, sex and ethnic variations », *Canadian Ethnic Studies*, vol. 15, n° 3, 1983, p. 81-103.

PÉRODEAU, Guillème. « Attitudes des femmes âgées envers les tranquillisants », *Le Gérontophile*, vol. 11, n° 1, 1989, p. 11-15.

PÉTAUD, P. « Femme, vieillissement et images sociales », *Le Gérontophile*, vol. 4, n° 1, 1982, p. 4-6.

PINAUD, P. *La Retraite au féminin*, Paris, Pierre Horay, 1983.

PLOURDE, M. et C. BÉDARD. « Les habitations partagées du Saguenay », bilan d'évaluation du service, Jonquière, mai 1990.

PODNIEKS, E. et K. PILLEMER. *Enquête nationale sur le mauvais traitement des personnes âgées*, Toronto, Ryerson Polytechnical Institute, 1990.

POSNER, J. « Women aging and avertising », *Les Cahiers de la femme*, vol. 5, n° 3, 1984, p. 70-71.

« It's all in your head : feminist and medical models of menopause », *Sex Roles*, New York, 1979, p. 179-190.

PRESSE CANADIENNE. « Les femmes qui boivent du café sont plus portées à souffrir d'ostéoporose », *La Presse*, 26 janvier 1994, p. A-11.

« Le cancer du sein, un fléau trop souvent mal diagnostiqué », *La Presse*, 22 janvier 1994, p. J-12.

QUÉNIART, Anne (dir.). *Femmes et santé, aspects psychosociaux*, Montréal, Gaëtan Morin, 1991.

RÉGIE DES RENTES DU QUÉBEC. *Le Conjoint survivant, analyse des données 1992*, 1993.

Le Régime des rentes du Québec, statistiques 1992, 1993.

Un million de familles, statistiques 1992, 1993.

REINHARZ, S. « Friends or foes : gerontological and feminist theory », *Woman Studies International Forum*, vol. 9, 1986, p. 5-6.

RÉGNIER, R. *La Perte d'un être cher*, Montréal, Québécor, 1991.

RIOPEL, M. « Qui a peur de vieillir ? », *Coup de pouce*, novembre 1993, p. 35.

ROOS, N. P., MONTGOMERY, P. *et al.* « Healthcare utilization in the years prior to death », *Mell Bank Memorial Fund Quarterly*, 1987, p. 65-231.

ROSENTHAL, Carolyn. « Family responsibilities and concerns : A perspective on the lives of middle-aged women », *Documentation pour la recherche féministe*, vol. 11, n° 2, 1982, p. 211.

ROY, Jacques. « Soutien des familles, ce qu'en pensent les principaux concernés », *Santé et société*, vol. 12, n° 3, 1990.

« Recherche sur les aidants naturels », *Santé et société*, vol. 12, n° 3, 1990.

ROY, M.-C. *Se libérer des tranquillisants*, Montréal, Québec-Amérique, 1990.

ROZENBAUM, H. *La Ménopause*, Paris, Mercure de France, 1991.

SANTERRE, R. « Vieillesse, monde de femmes : un mythe ? », *La Revue canadienne du vieillissement*, vol. 6, n° 4, 1987, p. 304-317.

SANTÉ ET BIEN-ÊTRE SOCIAL CANADA. « L'usage du tabac », Ottawa, 1986.

SÉGUIN, Yves. « Des contribuables plumés », *Les Affaires plus*, vol. 17, n° 4, 1994.

SHEEHY, G. *The Silent Passage : Menopause*, New York, Random House, 1992.

SOCIÉTÉ DE L'OSTÉOPOROSE DU CANADA. *L'Ostéoporose et vous, Guide de vie active à l'usage de la femme*, 1992.

STANTON, J. «Elles élèvent leurs petites-filles», *Le Bel Âge*, mai 1993, p. 27-30.

STATISTIQUE CANADA. *Annuaire du Canada*, 1993.

>   *Certaines statistiques sur le revenu*, avril 1993, catalogue 93-331.

>   *Enquête sociale générale 1990. La Pré-retraite... une période de transition,* série Tendances sociales canadiennes, été 1993, catalogue 89-521.

>   *Fécondité. Le Pays,* Industrie, Science et Technologie, 1993, catalogue 93-321.

>   *Le Pays,* 1993, catalogue 93-310.

>   *La Pré-retraite : un profil des Canadiens de 55 à 64 ans, Projet des groupes-cibles,* 1993, catalogue 89-521.

>   *Statistiques canadiennes sur le cancer,* Institut national du cancer, 1993.

>   *Portrait statistique des femmes au Canada,* 2ᵉ édition, catalogue 89-503F, 1990.

STRYCKMAN, J. *Mariages et mises en ménage au cours de la vieillesse,* Laboratoire de gérontologie sociale, Québec, Université Laval, 1982.

SZINOVACZ, M. «Les femmes et la retraite» dans Hélène David (dir.), *Le Vieillissement au travail : une question de jugement,* Montréal, Institut de recherches appliquées sur le travail, bulletin n° 31-32, 1989, p. 146-149.

THERRIEN, Rita. «La responsabilité des familles et des femmes dans le maintien à domicile des personnes âgées : une politique de désengagement ou de soutien de l'État», *Santé mentale au Québec,* vol. 14, n° 1, 1989, p. 152-164.

>   *La Contribution informelle des femmes aux services de santé et aux services sociaux,* Synthèse critique n° 8, Commission d'enquête sur les services de santé et les services sociaux, Gouvernement du Québec, 1987.

Vie en rose, La. Dossier «Vieillirons-nous comme elles ?», janvier 1983, p. 18-35.

WAKIN, E. «Living as a widow : only the name's the same» dans Marie Marshall Fuller et Cora Ann Martin (dir.), *The Older Woman : Lavender Rose or Gray Panther,* Springfield, Illinois, Charles C. Thomas, 1980, p. 151-157.

WOLF, D. «Household patterns of older women : some international comparisons», *Research on Aging,* vol. 12, n° 4, décembre 1990, p. 463-486.

WOLFE, S. M. « New evidence that menopausal estrogeno causes breast cancer ; further doubt about prevention of heart disease », *Health Letters*, juin 1991.

YETMAN, R. « Retirement and the working women », mémoire de maîtrise, Département de communication, université Simon Fraser, Burnaby (C.-B.), 1982.